Kunden verstehen, gewinnen und begeistern

Professor Dietmar Pfaff hat eine Professur für Medienwirtschaft an der RFH Köln inne und ist Lehrbeauftragter an verschiedenen Fachhochschulen. Er ist Geschäftsführer der Agentur *infomarketing* in Frankfurt. Bei Campus hat er bereits das *Praxishandbuch Marketing* (2004) und *Competitive Intelligence in der Praxis* (2005) publiziert.

Dietmar Pfaff

Kunden verstehen, gewinnen und begeistern

Ihr Praxiswissen für ein erfolgreiches Marketing

Campus Verlag
Frankfurt/New York

Bibliografische Information der Deutschen Nationalbibliothek:
Die Deutsche Nationalbibliothek verzeichnet diese Publikation in der Deutschen
Nationalbibliografie. Detaillierte bibliografische Daten sind im Internet
über http://dnb.ddb.de abrufbar.
ISBN-13: 978-3-593-37951-7
ISBN-10: 3-593-37951-1

Copyright © 2006 Campus Verlag GmbH, Frankfurt/Main.
Umschlaggestaltung: Guido Klütsch, Köln
Satz: Fotosatz Huhn, Maintal-Bischofsheim
Druck und Bindung: Druckhaus »Thomas Müntzer«, Bad Langensalza
Gedruckt auf säurefreiem und chlorfrei gebleichtem Papier.
Printed in Germany

Besuchen Sie uns im Internet: www.campus.de

Inhalt

Vorwort

In vielen Trainings, Workshops und Seminaren sprechen mich die Teilnehmer auf die zunehmende Fragmentierung der Kundenstruktur und die damit verbundenen Aufgabenstellungen an. Das Gießkannenprinzip, also alle Kunden gleich zu behandeln, ist genauso überholt wie ein Leistungsangebot, das vom Anbieter bestimmt ist. Vielmehr geht es um maßgeschneiderte kundenindividuelle Lösungen. Hierzu bedarf es aber eines genauen Verstehens der wahren Bedürfnisse und Belange des einzelnen Kunden. In der Praxis werden diesbezüglich vielfältige technische Module zum Kundenbeziehungsmanagement, Customer-Relationship-Management (CRM) genannt, angeboten. Das Problem liegt aber in der systematischen und permanenten Pflege der Kundendaten, der entsprechenden Informationsanalyse und der daraus abgeleiteten Wissensgenerierung über die wahren Bedürfnisse des Kunden sowie deren entsprechender Lösung in der Kundenbearbeitung.

Hat man ein konkretes Bild über den Kunden und seine Motive und Einstellungen erhalten, muss eine kundengerechte Ansprache gefunden werden. In meinen Vorlesungen an der RFH Rheinischen Fachhochschule in Köln spreche ich mittlerweile von Zielgruppenplanung statt von Mediaplanung. Dies bedeutet, dass man neue Kunden nur effektiv ansprechen und effizient gewinnen kann, wenn man deren Informations-, Mediennutzungs- und insbesondere Kaufverhalten genau kennt und seine kommunikativen Konzepte und Botschaften exakt darauf abstimmt.

Ganz gleich, ob Neukunden oder Bestandskunden, die hohe Form der Kundenzufriedenheit und Kundenloyalität findet sich in der Kundenbegeisterung. Stellen Sie sich vor, Sie besuchen ein Restaurant und werden nach dem Essen wie immer gefragt: »Waren Sie zufrieden?« Die meisten Gäste antworten mit: »Ja, war o.k.!«, was aber nicht unbedingt bedeutet, dass sie noch einmal dort speisen werden oder das Restaurant gar weiterempfehlen. Sind Sie dagegen positiv überrascht worden, zum Beispiel durch hervorragende und besonders schmackhafte Zubereitung, außergewöhnlich aufmerksamen Service, angenehme Erlebnisgastronomie oder speziellen Event-Charakter, gehen Sie begeistert nach Hause und berichten morgen ihren Bekannten, Freunden oder Arbeitskollegen, was sie gestern Abend erlebt haben. Sie werden so zum Botschafter des Gastronomiebetriebs. Umgekehrt kann es natürlich genauso passieren, dass sie unzufrieden sind. Dann hat der Restaurantbesitzer zuerst ein Image-Problem und später ein Absatz- und Umsatzproblem.

Viel Freude, neue Erkenntnisse und insbesondere Spaß beim Lesen. Der Verlag und ich freuen uns über Anmerkungen, Kommentare und Ergänzungen, postalisch an den Verlag oder via E-Mail direkt an mich: dp@infomarketing.de.

Frankfurt am Main, im Sommer 2006   *Prof. Dietmar Pfaff*

Mit dem Kunden zum Erfolg

In diesem Abschnitt werden folgende Themen behandelt:

▶ Die Definition von *Kunden*
▶ Mitarbeiter als interne Kunden
▶ Das Angebot der Problemlösung
▶ Marketing und Kundenorientierung
▶ Das Trichtermodell der Kundenorientierung

Dieses Buch erläutert die Auswirkungen und Bedeutung von aktiver Kundenorientierung und soll dem Leser einen hinreichenden Überblick über die Materie verschaffen. Im vorderen Teil werden systematisch pragmatische Instrumente und Methoden dargestellt, im hinteren Teil findet sich der explizite Anwendungsbezug mit Umsetzungsbeispielen. In beiden Teilen werden jedoch fortlaufend praxisnahe Beispiele verwendet. Hier ein erstes:

Die Marketingabteilung eines mittelständischen Software-Unternehmens möchte im Zuge der Vorbereitung auf die Computer-Messe *CEBIT* ihre Kunden miteinbeziehen. Es entsteht die Idee, diese zu einem Tagesausflug auf die *CEBIT* einzuladen, damit sie sich vor Ort ein Bild von den neuesten Entwicklungen und Technologien machen können. Hierzu würde das Unternehmen den Kunden einen gemieteten Bus zur Verfügung stellen. Die Mitarbeiter der Marketingabteilung beginnen etwa drei Wochen vor Beginn der Messe bei ihren Kunden anzufragen, ob Interesse am Besuch der Veranstaltung besteht. Die meisten reagieren mit Zustimmung auf den Vorschlag, viele sehen sich jedoch aus terminlichen oder logistischen Gründen außerstande, an dem Ausflug teilzunehmen. Ein Kunde schlägt deswegen vor, im Anschluss an die Messe einen Informationsabend im eigenen Hause zu veranstalten, an dem die Kunden über alle Neuheiten informiert werden.

Die Verantwortlichen des Software-Unternehmens sind von dieser Idee begeistert, da bei einer solchen Veranstaltung noch individueller auf die eigenen Kunden eingegangen werden kann. Eine kundenorientierte Sichtweise kann durchaus Vorteile für beide Seiten haben. Das Unternehmen kann, ohne der Konkurrenz der Wettbewerber ausgesetzt zu sein, die Kunden gezielt informieren und beraten, und diese müssen nicht einen ganzen Tag ihrer Zeit opfern, sondern bekommen auf bequeme Weise einen komprimierten Überblick über die Geschehnisse auf der *CEBIT* geboten.

Was sind Kunden?

Aufbauend auf dem *CEBIT*-Beispiel, stellt sich die erste entscheidende Frage, was überhaupt Kunden sind. Denn das Systemhaus hat Kontakte zur ortsansässigen Wirtschaft, es gibt Interessenten, die noch keinen Auftrag erteilt haben, und Bestandskunden, denen schon eine Rechnung gestellt werden konnte. Das Marketing darf nicht alle vorhandenen oder potenziellen Kunden auf die gleiche Art und Weise bewerben, sondern muss sie zusätzlich noch in verschiedene Cluster segmentieren, wie aus Abbildung 1 zu ersehen ist.

Grundsätzlich kann zwischen *Kunden* und *Nichtkunden* unterschieden werden. Ein Kunde unterhält derzeit eine aktive Geschäftsbeziehung mit dem Unternehmen. Kunden lassen sich in Erst- und Mehrfachverwender einteilen. Nichtkunden unterscheiden sich in Altkunden und Wunschkunden. Als Altkunden werden ehemalige Kunden bezeichnet, deren Nachfrage nach Weiterbildung gesättigt ist, da sie bereits alle angebotenen Seminare besucht haben. Wunschkunden sind Nichtkunden, die aufgrund ihres Profils ideale Teilnehmer eines bestimmten Seminars wären. Aus berufs-, zeit- oder budgetbedingten Gründen konnten sie bisher noch an keinem Seminar teilnehmen. Nichtkunden können auch nach der Markenbekanntheit eingeteilt werden. Im Fall von *infomarketing* bedeutet dies, dass beim potenziellen Kunden die Marke noch unbekannt ist. Andererseits gibt es Nichtkunden, denen die Marke *infomarketing* bekannt ist, aber der Seminarinhalt, -zeitpunkt oder der Veranstaltungsort nicht zusagt.

Ziel ist es, sich gleichermaßen mit der Neukundengewinnung sowie der Bestands- beziehungsweise Stammkundenpflege zu beschäftigen. Denn

Abbildung 1: Kunden versus Nichtkunden nach Markenbekanntheit

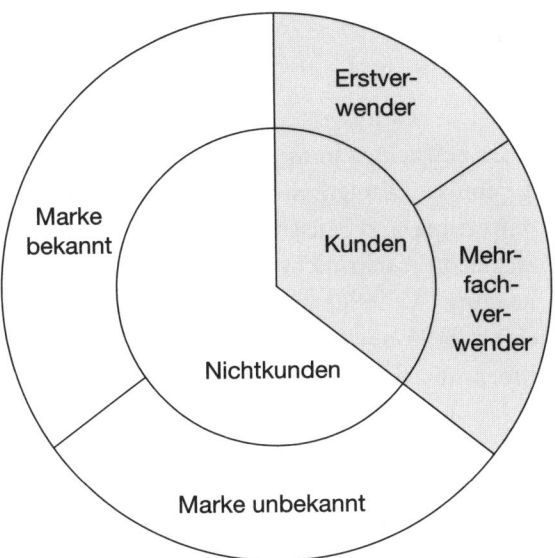

eine erste Regel besagt: Wer aufhört, Neukunden – ganz gleich, ob Altkunden oder Wunschkunden – zu akquirieren, hat schon verloren.

Oft wird vergessen, dass der Kunde der Existenzsicherer ist. Er ist es, der den Bedarf hat, der nachfragt und der entscheidet, ob er Ihr Produkt kauft oder nicht. Somit ist er nicht nur ein Marktteilnehmer, sondern auch der Marktbestimmer und derjenige, welcher entscheidet, ob ihm der Preis, die Qualität, der Service oder sonstige Angebote gefallen oder nicht.

Nur das Unternehmen, welches den Kunden auch als Problemlöser, Partner, Kritiker, Mitgestalter und großen Innovator sieht und sich auf den Kunden einstellt, wird vorne liegen. Wenn Sie sich also fragen, was der Kunde will, und für die Strategie Ihres Unternehmens diese Wünsche mit einfließen lassen wollen, dann sollten Sie sich immer darüber im Klaren sein, welche Rollen die Kunden innehaben und wer Ihre Kunden sind.

Interne Kunden begeistern externe Kunden

Der Kunde erwartet von einem Mitarbeiter des Unternehmens eine perfekte Leistung, gewährleistet durch einen ganzheitlichen Kontakt, bei dem er zunächst nicht zwischen Geschäftsführer und Hausmeister unterscheidet. Macht nur ein einziger Mitarbeiter einen Fehler, ist aus Sicht des Kunden das ganze Unternehmen schuld.

Doch warum ist das so? Wie ist die Sicht des Kunden? Diese Fragen kann man für jedes Unternehmen gleich beantworten. Der Kunde sieht viele Aspekte Ihres Unternehmens. Er betrachtet immer alles ganzheitlich und benutzt dabei alle Aspekte, Erlebnisse, Ereignisse in Ihrem Unternehmen und mit Ihrem Produkt zur Bewertung und Einschätzung. Diese Kategorisierung (beispielsweise in gut/schlecht, essbar/nicht essbar, nützlich/sinnlos) ist die Grundlage jeder Entscheidung. Wenn Sie wollen, dass der Kunde sich für Ihr Unternehmen entscheidet, dann müssen Sie dies immer bedenken. Der Kunde sieht Ihr Unternehmen und Ihr Produkt immer im Vergleich zu Ihren Konkurrenten und in Relation zu seinem Nutzen. Dies betrifft auch Ihre Preise, Ihre Qualität, Ihren Service, die Einkaufsmöglichkeit (Markt, Bestellung, Internet...). Daher ist es sehr wichtig, dass Sie Ihre Mitarbeiter als Ihren ersten Kunden betrachten und sie in die Lage versetzen, immer das beste Bild Ihres Unternehmens präsentieren zu können.

Doch warum lassen sich so allgemeine Aussagen darüber treffen, wie Sie Ihr Kunde sieht? Dies liegt daran, wie der Kunde ein Produkt oder eine Firma sieht. Der Kunde speichert jede neue Information in seinem Netzwerk im Gehirn, das assoziativ und inhaltlich aufgebaut ist. Auch Ihr Produkt oder Unternehmen wird dort landen und mit Erlebnissen, Gefühlen, Einstellungen und Ideen verbunden. Was gespeichert wird und wie beziehungsweise in der Nähe welcher Attribute etwas gespeichert wird, können Sie beeinflussen. Hier setzt jede Form von Marketing, Kundenarbeit und Werbung an.

Beispiele, wie Sie sich dieses Netzwerk besser vorstellen können, sind das »Brainstorming« und der »Tip-of-the-Tongue-Effect«. Sicherlich kennen Sie auch den Zustand, dass Ihnen ein Wort (ein Name, ein Sachverhalt, ein Filmtitel oder Ähnliches) auf der Zunge liegt, Sie aber momentan gerade nicht darauf kommen. Dies liegt daran, dass das Wort woanders abgelegt wurde als in dem Teil des Netzwerks, in dem sie gerade suchen. An etwas Neutrales denken hilft dann meist, es wieder zu finden. Und plötzlich fällt Ihnen dann das gesuchte Wort ein.

Ein Beispiel, wie Sie den Aufbau des assoziativen Netzwerks testen können, wäre dies: Stellen Sie einem Bekannten folgende Fragen, und bitten Sie um schnelles Antworten:

1. Welche Farbe hat ein Kühlschrank?
2. Welche Farbe hat Schnee?
3. Welche Farbe hat ein Hochzeitskleid?
4. Was trinkt die Kuh?

Ich habe eben in diesem Test »Milch« geantwortet, obwohl die Kuh nur Wasser trinkt. Da das Gehirn aber auf die Farbe Weiß eingestellt war, Milch näher an Weiß als an Wasser abgelegt wurde und die Kuh in Verbindung mit Milch gebracht wird, ist die Antwort verständlich.

Ähnliche Assoziationen verbinden Mitarbeiter und Kunden mit Ihrem Unternehmen. Deshalb ist es wichtig, dass der Mitarbeiter (als eine Assoziation des Kunden zum Unternehmen) Ihre Firma entsprechend Ihren Zielen repräsentiert. Insofern ist die Mitarbeiterorientierung die Vorstufe der Kundenorientierung. Nachfolgend werden Wege aufgezeigt, wie Sie den Kunden besser verstehen und ihn zu einer erfolgreichen und vor allem langfristigen Zusammenarbeit bewegen können.

Im modernen Marketing spielen die so genannten internen Kunden eine zunehmend wichtige Rolle. Gemeint sind damit die Mitarbeiter, die ihre Motivation und Einstellung in Verbindung mit ihren Fähigkeiten auf die Kunden übertragen. Unmittelbar damit verbunden ist ein positiver Image-Transfer des Unternehmensleitbilds. Betriebe mit loyalen Angestellten haben erfolgversprechende Aussichten auf loyale Kunden. Daraus lassen sich für die Praxis zwei Ziele ableiten. Zum einen müssen die Mitarbeiter optimal auf ihre Loyalisierungsaufgabe dem Kunden gegenüber vorbereitet werden, zum anderen gilt es die Loyalität des Mitarbeiters gegenüber dem Arbeitgeber zu sichern oder sogar zu steigern. Es gibt viele Wege zur Schaffung dieser Loyalität. Das auf Sicherheit im Netz spezialisierte Unternehmen *arago AG* versorgt beispielsweise alle Mitarbeiter mit Essen und Getränken, und das rund um die Uhr. Sehr wichtig sind auch Schulung und Weiterbildung, Arbeitsschutzmaßnahmen, transparente Kommunikationsstrukturen, eine positive Feedback-Kultur und die Möglichkeit zum Dialog.

Loyalität alleine nutzt als Qualifikation wenig, sie ist jedoch Voraussetzung für ein positives Zusammenwirken aller Qualifikationen. Mitarbeiter mit Loyalitätspotenzial müssen entsprechend im Unternehmen gefördert und geschult werden, um sie dazu zu befähigen, Kunden nicht nur zufrieden zu stellen, sondern sie sogar zu begeistern und damit

Abbildung 2: Darstellung eines assoziativen Netzwerks des Kunden

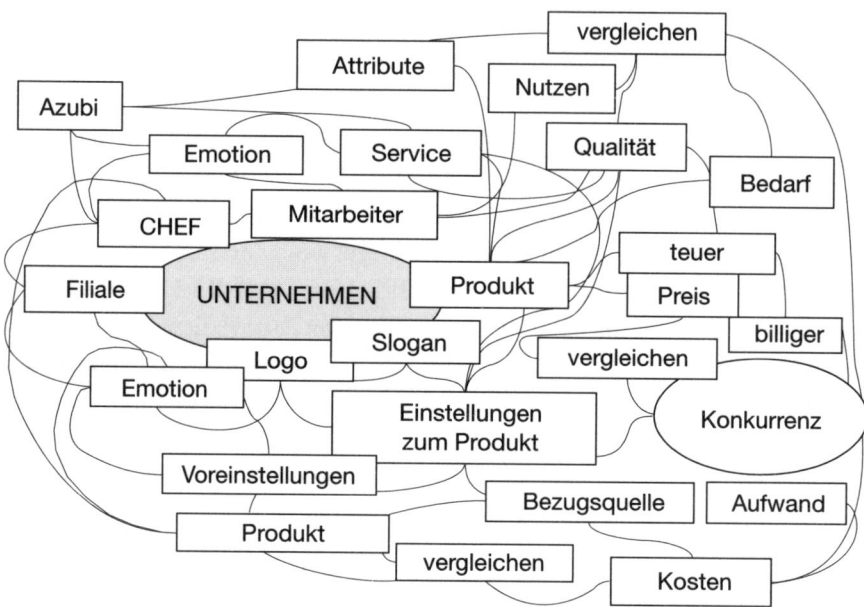

ebenfalls zu loyalisieren. Grundvoraussetzung hierbei ist, dass die Mitarbeiter selbst zufrieden und ausreichend motiviert sind, um zielstrebig an den Kunden heranzutreten. Eine hohe Arbeitszufriedenheit führt zu einem besseren Arbeitsklima, einer höheren Motivation, weniger Fehlzeiten, einer geringeren Fluktuation und so insgesamt zu besseren Geschäftsergebnissen.

Die Zufriedenheit und Motivation der internen Kunden muss so nachhaltig gefördert werden, dass sie alles in Bewegung setzen, um die externen Kunden zur Loyalität zu »verpflichten«. Hilfreich ist hierbei eine hohe Integration der Mitarbeiter in die Geschäftsprozesse und -abläufe. Ein Angestellter, der sich an der Entwicklung von Ideen beteiligen darf, wird in der Regel motivierter sein als einer mit vorgegebenen Zielen und Abläufen. Dies trägt auch dazu bei, dass ein Unternehmen schneller und besser auf Situationen am Markt reagieren kann.

Wenn die inhaltlichen Motivationsanreize für die Mitarbeiter ausgeschöpft sind, etwa ein erweitertes Aufgabengebiet und mehr Verantwortung, müssen zusätzliche Motivationsinstrumente eingesetzt werden wie Dienstwagen, Firmenhandy oder Laptop sowie eine Provision, um eine

Demotivation oder Fluktuation der Mitarbeiter zu verhindern. Ein Geschäftsführer eines *VW*-Händlers berichtete mir einmal von einem Arzt, der seine beiden Sprechstundenhilfen mit in das Autohaus brachte, damit sie sich jeweils einen neuen *LUPO* zusammenstellen konnten. Er hatte mit einer hohen Fluktuation zu kämpfen, aber nachdem die Mitarbeiterinnen jeden Tag mit ihrem selbst ausgesuchten Fahrzeug in die Praxis kamen, war das Problem gelöst.

Die Wirtschaftspsychologie hat wissenschaftlich bewiesen, dass eine Abhängigkeit zwischen der Freundlichkeit der Mitarbeiter (über die Arbeitszufriedenheit) und der Zufriedenheit der Kunden (sowie dem daraus entstehenden Mehrgewinn) besteht. Mitarbeiter müssen sich für ihre Kunden Zeit nehmen und sich in Geduld üben. Dies ist besonders schwer, wenn die Gehälter großteils aus Provisionen bestehen. Allerdings schaffen gerade diese Provisionen einen positiven Anreiz zur Leistungssteigerung und damit auch zur Erhöhung des Unternehmenserfolgs. Auch die Zuverlässigkeit der Mitarbeiter und ihre fachliche Kompetenz haben einen enormen Einfluss auf die Kundenzufriedenheit. In diesem Zusammenhang wird ein gut strukturiertes Beschwerdemanagement immer unverzichtbarer. Ein verlorener Kunde kann beispielsweise zurückgewonnen werden, wenn das Unternehmen oder der Mitarbeiter eine Chance zur Reaktion auf die Beschwerde erhält. Leider bleiben Beschwerden oftmals bei den Kunden und dringen erst gar nicht bis zum Unternehmen vor.

Letztlich ist die Identifikation der richtigen Zielgruppe der erste Schritt zum Erfolg. Es nützt wenig, wenn Mitarbeiter ihre Motivation an die »falschen« Kunden verschwenden. Abbildung 3 zeigt eine mögliche Einteilung von Kunden.

Die richtige Zielgruppe zeichnet sich dadurch aus, dass sie an den Produkten und Dienstleistungen interessiert ist, die ein Unternehmen anbietet. Darüber hinaus ist es wichtig, dass Kunden die Qualität erhalten, die sie erwarten. Werden die Erwartungen übertroffen, steigen die Chancen für Loyalität, werden sie unterboten, ist der Kunde enttäuscht und wendet sich ab. Dies sollte durch permanente Marktforschung abgefragt werden, um rechtzeitig gegensteuern zu können.

Das Interesse beziehungsweise der Bedarf ist allerdings kein alleinstehender Erfolgsfaktor. Fehlen dem Kunden die finanziellen Mittel für den Erwerb eines bestimmten Produkts, wird er sich wahrscheinlich nach einem günstigeren Anbieter umsehen.

Abbildung 3: Zielgruppensegmentierung

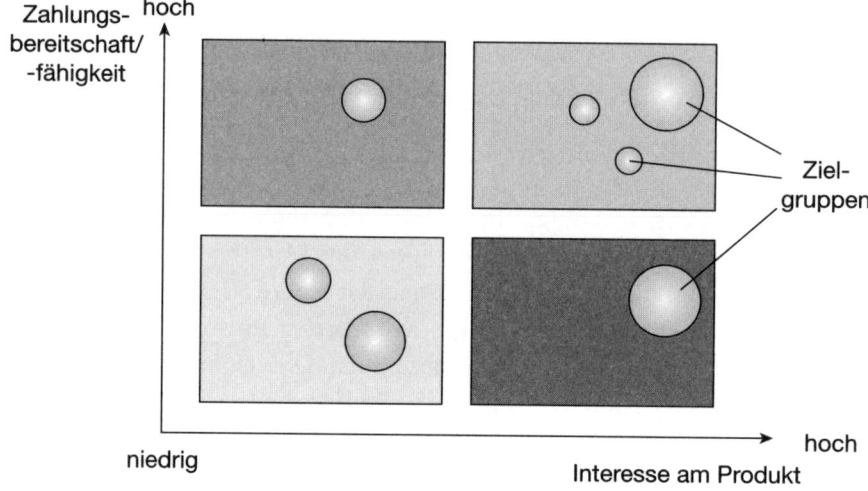

Ist die optimale Zielgruppe gefunden, muss ein dauernder Kontakt hergestellt werden, damit die Kunden mit den für sie relevanten kaufentscheidenden Informationen versorgt werden.

Festzuhalten ist, dass die richtige Zielgruppe Loyalitätspotenzial aufweisen und sich als profitabel erweisen muss.

Kunden verlangen Problemlösungen

Nach wie vor existiert in vielen Unternehmen der Glaube, dass Marketing nur etwas mit Produkten oder Dienstleistungen zu tun hat. Zumeist dreht sich alles um Technologie, Produktionsprozesse und die Entwicklung neuer, innovativer Produkte.

Oftmals wird der bedeutendste Akteur wenig oder gar nicht berücksichtigt: der Kunde, der das fertige Produkt kaufen soll. Er definiert die Anforderungen an Produkte und Dienstleistungen. Insofern ist es für Firmen außerordentlich wichtig, kundenorientiert zu denken und dementsprechend zu handeln.

Das oben aufgeführte Beispiel des Software-Unternehmens zeigt, wie Kundenorientierung in der Praxis vonstatten gehen kann. Der Kunde wird in die Planungen der Firma eingebunden. Diese beharrt nicht auf den eigenen Vorstellungen und Vorgehensweisen, wenn sich Wünsche beziehungsweise Probleme seitens des Kunden einstellen, sondern ist flexibel genug, auf Ideen des Kunden einzugehen und diese dann auch in die Tat umzusetzen. In der Praxis ist eine derartige Vorgehensweise leider noch wenig verbreitet. Oftmals drängt sich der Eindruck nach Geffroy auf: »Das Einzige, was stört, ist der Kunde«. Unternehmen sollten sich ständig folgende Fragen stellen:

- Bekommt der Kunde wirklich das, was er sich von unserer Dienstleistung verspricht?
- Welche Vorteile können wir ihm mit dem Kauf unseres Produkts bieten?
- Welchen tatsächlichen Nutzen hat der Kunde von unserem Angebot?
- Wie schneiden unsere Produkte/Dienstleistungen im Vergleich zu Wettbewerbsprodukten/-dienstleistungen ab?
- Besitzen wir eine herausragende Stellung am Markt? Wenn ja, worin besteht unsere Einzigartigkeit?
- Wie müssen die Gründe für den Kunden aussehen, damit er unsere Produkte und nicht die der Wettbewerber kauft?
- Lässt sich unser Angebot durch die Einbeziehung der Kunden verbessern?
- Welches Feedback können uns sowohl Kunden als auch unsere Mitarbeiter geben?
- Wird die Unternehmenskultur von unseren Mitarbeitern aktiv gelebt?
- Sind alle internen Strukturen und Prozesse systematisch und konsequent auf Kundenorientierung abgestimmt?
- Erhalten unsere Mitarbeiter die notwendigen Informationen und Unterstützungen, um kundenorientiert arbeiten zu können?

Die Sichtweise der Unternehmen soll mehr in Richtung der Kundenbedürfnisse gelenkt werden. Wie sieht uns der Kunde gerade (Ist-Zustand)? Wie könnte oder sollte er uns sehen (Soll-Zustand)? Die Sicht des Kunden und seine Bedürfnisse ständig zu hinterfragen und zu integrieren ist nicht einfach, doch der erfolgversprechendste Weg, den ein Unternehmen gehen kann.

Kundenorientierung braucht Marketing

Zum Erfolg von Firmen tragen viele verschiedene Faktoren bei, die ineinander greifen und ganzheitlich gesehen werden müssen. Zur Veranschaulichung sei hier das so genannte Bergprinzip erwähnt, das deutlich macht: Viele Wege (mit unterschiedlichem Instrumenten- und Mitteleinsatz) führen zum gleichen Ziel. Das Bergprinzip wird in Abbildung 4 veranschaulicht.

Zunächst einmal benötigt ein Unternehmen eine Grundausstattung, die richtige Strategie und engagierte Mitarbeiter. Doch letztendlich kann es ohne qualitativ hochwertige Produkte und Dienstleistungen nur bedingt erfolgreich sein. Drei Merkmale aber haben alle erfolgreichen Unternehmen gemeinsam. Das ist zum Ersten eine konsequente Orientierung zum Kunden hin, zum Zweiten die Berücksichtigung von Markt und Wettbewerb und zum Dritten die Anwendung moderner Marketingmethoden. Erfolgreiche Unternehmen registrieren sensibel die unterschiedlichen Bedürfnisse und Wünsche der Kunden und platzieren daraufhin ihre Produkte in den relevanten Märkten. Nicht nur Konzerne wenden heutzutage erfolgreiches Marketing an, um sich einen optimalen Kundenstamm aufzubauen. Auch Mittelständler setzen verstärkt auf Marketingaktivitäten. Selbst Hochschulen, Kommunen, Theater, Sportvereine oder Kirchen folgen zunehmend den Gesetzmäßigkeiten des Markts und stellen sich aktiv den Herausforderungen der Zeit.

Für den Begriff Marketing gibt es eine Vielzahl von Beschreibungen. Am pragmatischsten für kundenorientiertes Marketing ist folgender Ansatz:

»Erfolgsorientiertes Marketing besteht in der Analyse von Gegebenheiten des Markts unter Einbeziehung aller Marktteilnehmer mit der Zielsetzung der Existenzsicherung und der Wachstumssteigerung sowie des Auslösens nachhaltiger Kundenbegeisterung.«

Marketing ist heute zu einer Unternehmensphilosophie gereift, die zu einer aktiven, marktorientierten Denkweise führt. Kurz gesagt bedeutet es die Steuerung des Unternehmens vom Markt aus.

Eine Firma, die beispielsweise in der Industriegüterbranche agiert, kann nur schwer die Bedürfnisse aller Kunden befriedigen. Darum sollte sie sich auf ein bestimmtes Segment konzentrieren, in dem die Erfolgsaussichten am größten sind und individueller am Kunden gearbeitet werden kann. Ist

Abbildung 4: Das Bergprinzip

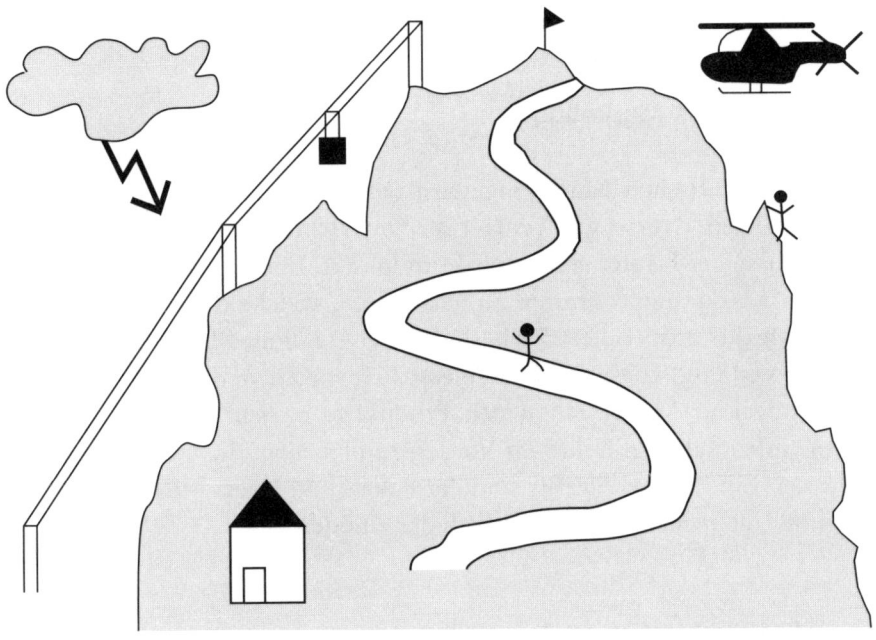

	Bergprinzip	**Marketingprozess**
1. Analyse:	Analyse Wetterverhältnisse, Temperatur, Geld, Situation am Berg …	Analyse der Marketing-chancen
2. Ziel:	Zu erreichendes Ziel wählen (Gipfel)	Ermittlung und Auswahl von Zielmärkten
3. Strategie:	Welche Wege führen zum Ziel (Gipfel)?	Entwicklung von Marketing-strategien
4. Instrument:	Unterschiedliches Schuh-werk und Preise pro Stra-tegie: Wanderweg zu Fuß kostenfrei, Seilbahn 20 €, Bergführer 300 €, Helikopter 1 000 €	Planung von Marketingpro-grammen
5. Kontrolle:	Ausrüstung prüfen Etappenziele stecken Ziel nicht aus den Augen verlieren, Timing und Kon-dition beachten	Organisation, Durchführung und Kontrolle der Marketing-aktivitäten

ein Markt für das Unternehmen gefunden, bieten sich drei verschiedene Strategien zur Marktbearbeitung an:

Unspezifisches Marketing

Beim unspezifischen Marketing wird der festgelegte Markt mit einem Einheitsangebot versorgt. Weniger die Unterschiede als die gemeinsamen Bedürfnisse der Käufer stehen im Mittelpunkt. Insofern sind ein Produkt und ein Marketingprogramm zu entwickeln, welche die meisten Käufer dieses Markts ansprechen. Ziele sind dabei Qualität, Massenverkauf und Massenwerbung. Diese Strategie bietet sich vor allem dann an, wenn ein neu entdeckter Markt mit neuen Produkten bedient werden soll oder wenn einheitliche Produkte im Vordergrund stehen, die wenig Varianten zulassen. Ein Beispiel hierfür sind der Paket- und Briefversand, bei denen es keine Unterscheidung hinsichtlich der Kunden gibt.

Spezifisches Marketing

Spezifisches Marketing entwickelt separate Angebote für jedes ausgesuchte Zielsegment. Das heißt, dass für verschiedene Zwecke und Preissegmente jeweils passende Produkte angeboten werden. Spezifisches Marketing erwirtschaftet meist mehr Umsatz als unspezifisches Marketing. Als Beispiel könnte der *Smart* im Kleinwagensegment genannt werden.

Spezialisiertes Marketing

Diese Methode eignet sich am besten, wenn die Mittel eines Unternehmens beschränkt sind. Die Grundidee besteht darin, auf einem oder zwei Submärkten große Marktanteile zu erreichen, anstatt auf großen Märkten kleine Marktanteile anzustreben. Dies trifft für viele Spezialgebiete des Maschinenbaus zu, wie beispielsweise für die Entwicklung von Geldtransportern oder Polizeifahrzeugen. Durch die Spezialisierung wird qualifiziertes Fachwissen in einer Marktnische aufgebaut.

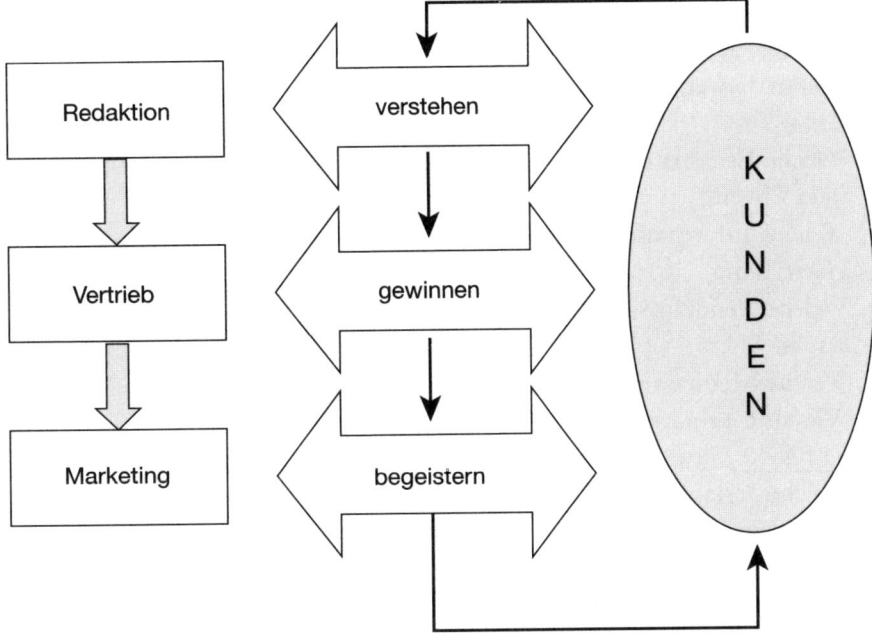

Im Folgenden wird die Anwendung des Kundenprozesses am Beispiel eines mittelständischen Fachverlags im Bereich Sport, Fitness, Ernährung und Gesundheit erklärt (vergleiche Abbildung 5).

Die Redaktion analysiert die Bedürfnisse ihrer Kunden und entwirft daraufhin Ideen für Produktinhalte. Das Marketing erstellt ein entsprechendes Marketingkonzept und gewährleistet die zielgruppengerechte Ansprache. Der Vertrieb bietet umfangreiche Serviceleistungen und trägt durch innovative Distributionsmaßnahmen maßgeblich zur Gewinnung neuer Käufer bei.

Der erste wichtige Schritt innerhalb des oben dargestellten Prozesses, nämlich den Kunden zu verstehen, ist die Analyse der Zielgruppe und die Nutzbarmachung dieser Erkenntnisse im Hinblick auf kundenorientierte Produkte. Strategisches Instrument kann hier beispielsweise das SINUS-Milieu-Modell (SINUS = Sozialwissenschaftliches Institut) sein. Es ermöglicht die Erforschung und Einordnung der Zielgruppen in Lebenswelten.

Im genannten Beispiel kommt es darauf an, die Zielgruppe für die Fachbücher in Hinblick auf ihre Sportaktivitäten und ihr Bewusstsein für gesunde Ernährung einzuordnen. Typische Fragen in diesem Zusammenhang wären:

- Welchen Sport betreibt die Zielgruppe? (zum Beispiel Nordic Walking)
- Wohin bewegt sich der Trend? (zum Beispiel vom Studio zum Outdoor)
- Welche Ernährung favorisiert der Nachfrager? (zum Beispiel hochwertiges Eiweiß)
- Welche Informationen benötigt der Kunde? (zum Beispiel natürliche Herstellung)
- Welche Bedürfnisse hat der Interessent? (zum Beispiel Ausgleich zum Stress)
- Welche Medien nutzt der Kunde? (zum Beispiel Zeitschrift *Fit for Fun*)
- Wie sind seine soziodemografischen Daten? (zum Beispiel männlich, 35 bis 40 Jahre)
- Welche Urlaubsarten bevorzugt der Kunde? (zum Beispiel Wandern, Bergsteigen)
- Welcher Familientyp ist er? (zum Beispiel verheiratet, ein Kind)

Diese Informationen werden üblicherweise mittels Marktforschung erhoben, beispielsweise im Rahmen von Kundenbefragungen, durch Auswertungen von statistischen Daten durch Verbände oder durch Heranziehung der Marktmediadaten der *AWA Allensbacher Markt- und Werbeträgeranalyse*, der *MA Mediaanalyse der Arbeitsgemeinschaft Mediaanalyse e.V.* oder der *VA Verbraucheranalyse* vom Springer und Bauer-Verlag.

Die nächsten Schritte befassen sich mit der Kundengewinnung und der Kundenbegeisterung.

Ein Kunde kann dadurch gewonnen werden, dass ihm ein zielgruppenorientiertes und individuelles Angebot gemacht wird, das sich an den oben aufgeführten kaufrelevanten Kriterien und somit an seinen Bedürfnissen orientiert. In Verbindung mit einem Leistungsversprechen, das sich insbesondere an der Qualität festmacht, lässt sich der Kunde somit für das Produkt oder die Dienstleistung interessieren. Im genannten Beispiel ist das die innovative Gestaltung der Inhalte von Büchern. Die Qualität kann durch Redaktionen und Autoren mit hohem fachlichem Niveau gewährleistet werden. Je nach Segmentierung des Kunden und seiner Zahlungsbereitschaft lässt sich nun eine unterschiedliche Preispolitik entwickeln, wie beispielsweise bei kleinen Ratgebern im Low-Budget-Bereich oder dem umfassenden Trainingsbuch mit Gutscheinen für Fitness-Center oder Seminare im High-End-Bereich. Die Event- und Werbestrategie bezieht sich insbesondere auf die Ebene »Kunde begeistern«. Selbstverständlich muss der Kunde schon durch das Produkt begeistert werden, für eine langfristige Kundenbindung jedoch kann eine fortwährende emotionale Ansprache sorgen. Für eine erfolgreiche Distribution können neben dem klassischen Buchhandel alternative Vertriebswege wie beispielsweise das Direktmarketing oder der Verkauf in Fitness-Studios eine wichtige Rolle spielen. Abschließend gilt es, den Erfolg beziehungsweise die Wirkung der eingesetzten Marketing-Instrumente zu messen, um bessere Ergebnisse in der Abstimmung interner Geschäftsprozesse und in der Mitarbeiterqualifikation zu erreichen.

Kundenerfolg leicht gemacht

Die diesem Buch zugrunde liegenden drei Phasen zum Kundenerfolg (die Kunden verstehen, gewinnen und begeistern) werden zusammenfassend in einem Modell abgebildet. In Analogie zu einem Trichter werden zunächst Daten über den Kunden gesammelt, um diese qualifiziert auszuwerten.

In der Startphase des Trichtermodells entsteht der erste Kontakt mit dem Kunden. Dies kann beispielsweise auf einer Messe oder einem Kongress durch ein Gespräch und den anschließenden Austausch von Visitenkarten erfolgen. Wenn der Gesprächspartner innerhalb dieser Unterhaltung vertiefendes Informationsmaterial nachfragt, treten Sie in die zweite Phase des Trichtermodells ein. Durch das Übermitteln der gewünschten Unterlagen bauen Sie den Kontakt zum potenziellen Kunden aus. Sie versuchen ihn nun zu gewinnen, sodass er Ihr Produkt beziehungsweise Ihre Leistung bevorzugt und Sie auffordert, ein verbindliches Angebot zu unterbreiten. Genau durch dieses Engagement wird aus einem Interessenten ein so genannter Lead. Hierunter wird ein abschlusswilliger Kunde verstanden, wobei der eigentliche Vertrag aber noch nicht abgeschlossen wurde. Jetzt beginnt die in der Praxis wichtigste Phase, in der aus einem Lead ein Order, sprich Auftrag, zu machen ist. Die Gewinnung des Neukunden ist das Nadelöhr des Trichters, da jetzt die Phasen der Kundengewinnung, beginnend vom Erstkontakt und endend beim Erstauftrag, abgeschlossen sind. Nun entscheidet sich im Rahmen der Kundenbindung, ob aus diesem Erstkun-

Abbildung 6: Trichtermodell

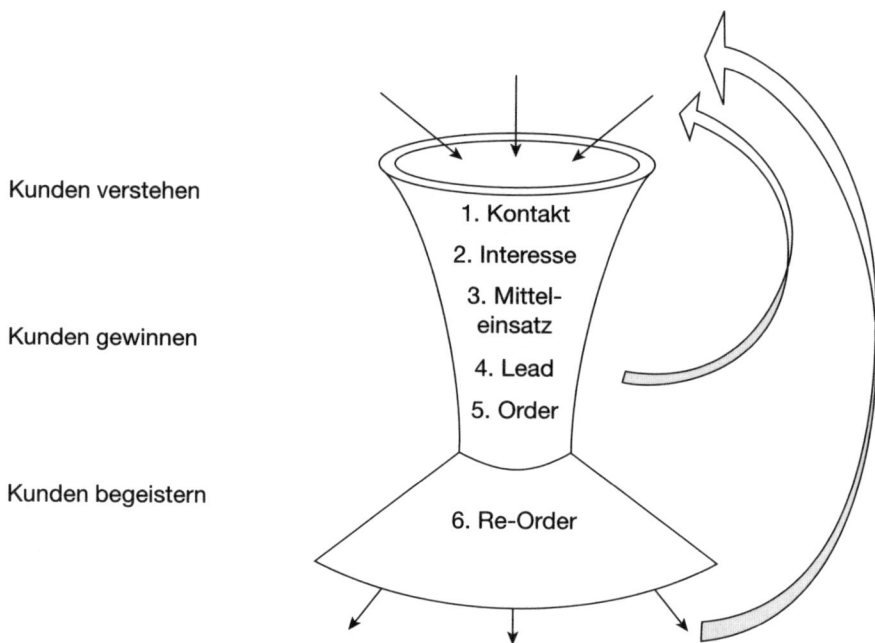

Kunden verstehen

Kunden gewinnen

Kunden begeistern

1. Kontakt
2. Interesse
3. Mittel-
   einsatz
4. Lead
5. Order

6. Re-Order

den durch Wiederholungskäufe ein Stammkunde wird. Durch den Einsatz von Service- und Kommunikationsmaßnahmen wird die Kundenbindung verstärkt, und der Trichter dehnt sich wieder aus. Um von der Kundenbindung zur Kundenbegeisterung zu gelangen, ist ein verstärkter Einsatz von Kommunikationsmaßnahmen (zum Beispiel eine Einladung zu einem Event wie einem Rafting-Erlebnis auf dem Inn oder einem Golfturnier auf Mallorca) erforderlich, der den Trichter zusätzlich erweitert. Abbildung 6 veranschaulicht die oben beschriebenen Phasen des Trichtermodells.

Es ist schwierig, die einzelnen Phasen der Kundenorientierung genau abzugrenzen, aber genau diesen Sachverhalt möchte das Buch vermitteln. Denn Kundenorientierung ist kein Prozess, der von A über B bis C geht und dann ad acta gelegt werden kann. Vielmehr ist es ein kontinuierlicher, stets rückkoppelnder Prozess, der im ganzen Unternehmen und bei allen Mitarbeitern verwurzelt sein muss. Stillstand hat zumeist auch einen Rückschritt in der eigenen Entwicklung zur Folge. Wer aufhört, Neukunden zu akquirieren und Stammkunden zu pflegen, wird unweigerlich Probleme haben, sich auf einem immer aggressiver werdenden Wettbewerbsmarkt zu behaupten.

Lernen Sie Ihre Kunden kennen

In diesem Abschnitt werden folgende Themen behandelt:

▶ Kaufverhalten von Unternehmen und Privatpersonen
▶ Primäre und sekundäre Marktforschung
▶ Der Marktforschungsprozess: Die sieben Ds
▶ Kundensegmentierung

Erfolgreiche Unternehmen müssen ihre Kunden und deren Verhalten sehr genau unter die Lupe nehmen, um deren Wünsche und Bedürfnisse optimal befriedigen zu können. Denn heutzutage hat der potenzielle Käufer eine genaue Vorstellung, wie sein Produkt aussehen und welchen Nutzen es ihm bringen soll. Bedingt durch die zunehmende Informationsflut, hat sich der Kunde im Laufe der Jahre verändert. Das Internet oder auch mobile Datendienste, wie zum Beispiel Werbung auf das eigene Mobiltelefon, ermöglichen es dem Kunden, sich über Produkte und Dienstleistungen schnell zu informieren. Er kann vergleichen und begutachtet Angebote deswegen kritisch. Dies verändert auch das Verhalten der Käufer. Der Kundenwunsch sollte im Mittelpunkt stehen. Beispielsweise reichte dem Kunden früher zur Aufzeichnung von Fernsehprogrammen ein Videorecorder, heute verlangt er Aufnahmegeräte mit integrierter Festplatte.

Bei der Beschäftigung mit dem Käuferverhalten gilt es, einen wichtigen Aspekt zu beachten: Die Struktur der Bevölkerung wandelt sich. Der Bevölkerungsanteil der »älteren« Bürger steigt immer mehr an, da die Geburtenrate in Deutschland stagniert oder gar rückläufig ist, und es gibt immer mehr Single- und Zweipersonenhaushalte. Marketing wird in diesen Zielgruppen also an Bedeutung gewinnen. Trotzdem sind auch die Kinder weiterhin im Blickpunkt des Interesses, denn Kinder und Jugendliche verfügen über nicht zu unterschätzende finanzielle Mittel und beeinflussen häufig auch das Kaufverhalten ihrer Eltern.

Zu unterscheiden ist das Kaufverhalten von Unternehmen, bei denen viele Personen in einen Kaufprozess eingebunden sind, und das Kaufverhalten von Privatkunden, bei denen zumeist eine Einzelperson oder die Familienmitglieder entscheiden.

Wie viele Personen an der Entscheidungsfindung beteiligt sind, hängt von der Komplexität und dem Umfang der Anschaffung ab. In vielen Familien wird nach Abwägung von Vor- und Nachteilen eine gemeinsame Entscheidung getroffen. Berücksichtigung findet in den Untersuchungen zum Käuferverhalten auch die Rolle von Frau und Mann. Es kann zwischen völlig eigenständigen, partnerschaftlichen Entscheidungsprozessen und solchen, bei denen ein Familienmitglied die bestimmende Position einnimmt, unterschieden werden.

Hierbei ist die bestimmende Funktion davon abhängig, um welches Produkt beziehungsweise welche Dienstleistung es sich handelt. Es lässt sich feststellen, dass der Entscheidungsprozess umso länger dauert, je teurer die Anschaffung ist. Der Kunde sammelt in diesem Fall zunächst möglichst viele Informationen und entscheidet sich nicht spontan, sondern erst nach eingehenden Überlegungen.

Bei Privatpersonen beeinflussen unterschiedliche Faktoren das Kaufverhalten. Hierbei kann es sich um Umweltfaktoren (soziokulturelle und psychosoziale Faktoren), situationsbedingte und persönliche Kriterien handeln. Soziokulturelle Faktoren sind zum Beispiel Normen, Werte und Verhaltensweisen einer Gesellschaft oder auch soziale Schichten. Als psychosoziale Faktoren gelten Einflüsse wie Vereine, Familie oder Freunde, die das Verhalten einer Person beeinflussen und prägen. Situationsbedingte Faktoren sind etwa Ort und Zeitpunkt und persönlich-demografische Faktoren Alter, Einkommen oder Familienstand.

Bei einem Unternehmen ist der Entscheidungsprozess auf mehrere Schultern verteilt. Nicht selten gibt es eine Einkaufsprojektgruppe, wenn es um den Einkauf von Industriegütern geht. In dieser befinden sich Mitglieder der Geschäftsleitung, Kaufleute und Techniker, die die häufig komplexe und zeitintensive Kaufentscheidung treffen. Typischerweise werden Kaufentscheidungen aber in der jeweiligen Abteilung oder in der Abteilung »Einkauf« getätigt. Hier können Produkte bis zu einem gewissen Betrag ohne weiteren Entscheidungsträger eingekauft werden.

Das Verhalten eines Kunden zu verstehen und seine Wünsche und Bedürfnisse zu identifizieren ist einer der wesentlichen Schritte des Marketings. Deshalb spielt die Marktforschung in diesem Bereich eine bedeutende Rolle.

Wie erhalten Sie relevante Kundendaten?

Ständig wechselnde Anforderungen infolge der Wettbewerbsintensität steigender Kundenbedürfnisse und komplexere Ansprüche an die unternehmerische Problemlösungskompetenz erfordern eine umfassende Informationspolitik. Die Hauptaufgabe der Marktforschung liegt darin, sowohl den aktuellen als auch den zukünftigen Informationsbedarf zu decken und aus den gewonnenen Daten Handlungsempfehlungen abzuleiten. In einer Firma greifen verschiedenste Einheiten wie die Geschäftsleitung, die Forschungs- und Entwicklungsabteilung, die Distribution oder andere auf Daten der Marktforschung zurück. Dementsprechend muss sie in die Unternehmensprozesse (zum Beispiel bei der Produktentwicklung) eingebunden werden, um so alle Entscheidungen auf eine qualitative Grundlage zu stellen. Die Prozesse müssen so gestaltet und verknüpft werden, dass ein ständiger Informationsaustausch gewährleistet ist. Innerhalb der Marktforschung gibt es verschiedene Möglichkeiten der Informationserhebung. Bei der demoskopischen Marktforschung werden von den Kunden sozioökonomische Daten wie Alter, Geschlecht und Familienstand und personenbezogene Informationen wie Bedürfnisse, Einstellungen und Verhaltensweisen gesammelt. Die ökoskopische Marktforschung bedient sich sachbezogener und auf den Markt ausgerichteter Kennzahlen, wie zum Beispiel Absatzmengen, Preise, Umsätze, Marktanteile oder die segmentbezogene Kaufkraft der Unternehmen und Haushalte.

Es wird zwischen Primär- und Sekundärforschung unterschieden. Aus forschungsökonomischen Gründen empfiehlt es sich, zunächst eine Sekundärforschung durchzuführen, da sie wesentlich zeit- und kostengünstiger ist. Sie beschäftigt sich im Gegensatz zur Primärforschung mit der Aufbereitung und Auswertung bereits erhobener Informationen und bedient sich sowohl interner (zum Beispiel Verkaufsstatistiken, Kundendatei) als auch externer (etwa Ergebnisse von Marktforschungsinstituten,

Fachliteratur, Internetdatenbanken) Informationsquellen. Interne Daten sind in der Regel im Unternehmen vorhanden. Allerdings bedürfen diese eventuell noch einer weiteren Bearbeitung vor der Nutzung für die Marktforschung. Die Beschaffung externer Daten ist zumeist zeit- und kostenintensiver sowie schwerer zugänglich, und sie besitzen keine Exklusivität, da auch Konkurrenzunternehmen auf diese Informationen zugreifen können.

Bei der Primärforschung steht die eigentliche Erhebung von Datenmaterial und dessen anschließende Auswertung im Mittelpunkt. Es existieren drei Verfahren, mit denen primäre Daten erhoben werden können: Beobachtung, Befragung und Experiment.

Bei einer Beobachtung wird die Umwelt auf visuell wahrnehmbare Weise erfasst. Es werden manuelle (etwa Beobachtung der Besucheranzahl von Messeständen), apparative (zum Beispiel Blickaufzeichnung bei der Betrachtung einer Werbeanzeige) und automatische (etwa Lichtschranke) Beobachtungsverfahren angewendet. Die Befragung ist eine Untersuchungsmethode, bei der Personen zu verschiedensten Gegenständen interviewt werden, um hieraus Informationen zu generieren. Dies kann auf schriftliche, mündliche, telefonische oder computergestützte (online) Weise geschehen. Ein Experiment wird in einer abgeschlossenen Umgebung (Labor, Studio) durchgeführt. Der Vorteil liegt darin, dass keine externen Faktoren (zum Beispiel das Wetter) das Experiment beeinflussen können. Weiterhin kann in der Primärforschung zwischen quantitativen und qualitativen Methoden unterschieden werden. Quantitative Methoden umfassen in der Regel große Stichproben. Damit ist eine hohe Repräsentativität für die Untersuchung gegeben. Beispiele für quantitative Methoden sind Produkt- und Preistests. Qualitative Methoden zielen eher auf subjektive Aspekte (Einstellungen, Meinungen, Erfahrungen bezüglich des Produktes, Images oder Ähnliches) ab und haben eine zumeist kleinere Stichprobe. Beispiele sind Gruppendiskussionen, Fokusgruppen und Tiefeninterviews. Daten aus der Primärforschung sind auf ein spezifisches Problem angepasst und besitzen eine hohe Exklusivität. Allerdings erfordert sie aufgrund der hohen Zeit- und Kostenintensität eine genaue Kenntnis des entsprechenden Markts.

Hinsichtlich der Entscheidungsrelevanz wird Marktforschung von verschiedenen Blickwinkeln aus betrachtet. Die deskriptive Marktforschung beschreibt die Zustände, Charakteristika oder Funktionen von bestimmten Märkten. Dagegen geht die kausale Marktforschung von gewissen Wirkungszusammenhängen im Marktgeschehen aus, die Auswirkungen auf den Geschäftsbetrieb haben.

Der Marktforschungsprozess setzt sich aus sieben aufeinander aufbauenden Schritten zusammen. Die so genannten sieben Ds sind im Einzelnen: Definition, Design, Datengewinnung, Datenanalyse, Dokumentation, Decision (Entscheidung) und Durchführung.

D1 : Definition und Aufgabenstellung

Der Marktforschungsprozess beginnt mit der Definition und Formulierung der Fragestellungen. Sie sollten zuerst feststellen, welche Informationen sie überhaupt brauchen. Wollen Sie wissen, wer eigentlich Ihre Zielgruppe ist, ob überhaupt jemand Ihr neues Produkt kaufen würde (Ist ein Bedarf vorhanden?), wie die Einstellung der Kunden zu bereits existierenden Konkurrenzprodukten ist oder wie und wo sich die Produkte am besten vermarkten lassen?

Im Rahmen dieser Problemdefinition wird nicht nur festgelegt, welcher Art ihr Informationsbedarf ist, sondern auch, welchen Umfang die Marktforschungsstudie haben soll. Nach eingehender Strukturierung werden schließlich die Erhebungsziele und Teilziele definiert, und es wird festgelegt, welche Leistung intern (zum Beispiel durch eine Mitarbeiterbefragung) und welche extern (etwa durch eine Kundenbefragung) erbracht werden kann.

Erläuterung zu D1: Art des Informationsbedarfs

Qualitative Marktforschung: Erforschung von nicht direkt erfassbaren Merkmalen, wie zum Beispiel: Eigenschaften, Einstellungen, Meinungen, Verhalten. Speziellere Methoden der qualitativen Marktforschung sind unter anderem Gruppendiskussionen, Tiefeninterviews, Rollenspiele oder Panelerhebungen.

Quantitative Marktforschung: Erforschung von direkt erfassbaren Merkmalen, wie zum Beispiel: Umsatz, verkaufte Produkte, Anzahlen, Häufigkeiten.

D2 : Design und Forschungsansatz

Im zweiten Schritt erfolgt die Erarbeitung einer Vorgehensweise, die den Ablauf der Untersuchung vorgibt. Das so genannte Untersuchungsdesign beinhaltet den Aufbau und Ablauf des Marktforschungsprojektes. Angaben zu zeitlichem Umfang, zu den Kosten wie auch zum Anspruch an die gewünschte Ergebnisqualität. (Beispielsweise zum Antwortformat der Testbögen: Wollen sie am Ende Werte im ja/nein-Format, im gut/schlecht-Format oder auf einer Skala von eins bis zehn erhalten?)

Zur Detaillierung des Erhebungsplanes können verschiedene Forschungsansätze verwendet werden. Zu nennen sind hierbei der explorative (gibt erste Einblicke), der deskriptive (beschreibt die aktuelle Marktsituation) und der kausale (erklärt bestimmte Zusammenhänge) Ansatz.

Erläuterung zu D2: Forschungsansätze

Explorative Marktforschung: hat den Sinn, sich mit dem Problem und den damit verbundenen Merkmalen näher auseinander zu setzen und gibt erste Einblicke.

Anwendungsbereiche: Problemdefinition für weitere Projekte, Erarbeitung von Hypothesen (Annahmen) für die weitere Forschung, Studium neuer Problembereiche, Spezifizierung von Konstrukten (Theorien und Annahmen zu Zusammenhängen) et cetera. Der gemeinsame Nenner ist das Auffinden neuer Ideen und Erkenntnisse. Explorative Designs haben daher eher begründenden als vorhersagenden Charakter. Die wichtigsten explorativen Erhebungstechniken sind Beobachtung und Gruppendiskussionen (siehe: D3).

Deskriptive Marktforschung: wird häufig angewendet, um präzise Fakten und Beschreibungen über Bewohner oder Interessensgebiete auszusagen.

Anwendungsbereiche: Feststellung der Eigenschaften von spezifischen Gruppen (zum Beispiel: die soziodemografischen Charakteristika der Interessenten in Deutschland) oder zum Beispiel Vorhersagen über Größe und Verhalten von Merkmalen. Deskriptive Designs haben nur beschreibenden Charakter. Die wichtigste Erhebungstechnik ist die Befragung (siehe: D3).

Kausale Marktforschung: für die Sozial- und Naturwissenschaften die einzig gültige Möglichkeit, um die Beziehung von Variablen zu begründen. Hier wird versucht, eine Beziehung zwischen Ursache und Wirkung zwischen Zusammenhängen zweier oder mehrerer Merkmale herzustellen, die eine Vorhersage erlauben. Für diese Experimente stehen dem Forscher zwei Möglichkeiten zur Verfügung: Labor-(Teststudio-) und Feldexperiment (Testmarkt) (siehe: D3).

D3 : Datengewinnung und Informationsbeschaffung

Zur Datengewinnung werden vor allem drei Verfahren angewendet: die Befragung, die Beobachtung und das Experiment. Mit diesen verschiedenen Datenerhebungstechniken sollen verlässliche und relevante Daten erhoben werden. Die dazu verwendeten Instrumente beinhalten Definitionen der wichtigen Merkmale und besitzen ein Maßsystem.

Erläuterung zu D3: Verfahren zur Datengewinnung

Eine Befragung: lässt sich nach Adressatenkreis, Erhebungsart und Zahl der Untersuchungsthemen einteilen.

Zum Adressatenkreis gehören Experten-, Händler-, Lieferanten-, Verbraucher- und Mitarbeiterbefragungen.

Die Erhebungsarten, die bei der Untersuchung der verschiedenen Adressatenkreise angewandt werden, können schriftlicher, telefonischer oder persönlicher Art sein.

Die Zahl der Untersuchungsthemen lässt sich nach Spezial- und Omnibusbefragungen differenzieren. Eine Spezialbefragung unterhält nur ein Themengebiet, während eine Omnibusbefragung mehrere Probleme und Fragestellungen verschiedener Auftraggeber beinhaltet.

Eine Beobachtung: untersucht das Verhalten von Testpersonen in bestimmten Situationen. Eine Beobachtung kann entweder durch eine Person oder durch ein Gerät erfolgen (beispielsweise Lichtschranke, Kamera). Zudem kann eine Beobachtung neben der Fremdbeobachtung auch vom Versuchsteilnehmer selbst (Selbstbeobachtung) vorgenommen werden. Nachteilig bei der Beobachtung ist allerdings, dass oftmals die Gründe für das beobachtbare Verhalten nicht bestimmt werden können, da zu wenig über Motive, Einstellungen und Präferenzen der Probanden bekannt ist. Zudem sind hierbei auch die selektive Wahrnehmung des Beobachters und die Grenzen der Aufmerksamkeit beziehungsweise der gleichzeitigen Wahrnehmung problematisch.

Es wird von einer strukturierten Beobachtung gesprochen, wenn der Beobachter anhand einer detaillierten Checkliste mit Verhaltensankern das Verhalten beobachtet (zum Beispiel: aktives Zuhören im Kundengespräch: Der Verkäufer nickt [oft/selten], lächelt [viel/wenig], wiederholt Wortlaute des Kunden [oft/selten], geht auf den Sprachstil des Kunden ein [eher ja/eher nein]).

Dagegen wird von einer unstrukturierten Beobachtung gesprochen, wenn alle Aspekte, die für die vorliegende Fragestellung relevant sein können, beobachtet werden. Diese Vorgehensweise sollte jedoch zum Beispiel durch Videoaufzeichnung ergänzt werden, da eine gleichzeitige Beobachtung vieler Kriterien (beispielsweise: Freundlichkeit, Dominanz, aktives Zuhören, Kundenorientierung...) in einem einzigen Durchgang kaum möglich ist.

Experimente: sind kontrollierte, unter zuvor festgelegten, immer denselben (determinierten) Umweltbedingungen, mehrfach durchgeführte Versuchsanordnungen, die Hypothesen über die Auswirkungen von Variablen auf einen Untersuchungsgegenstand überprüfen. Zur Messung der Reaktionen der Probanden werden Befragungs- und Beobachtungsverfahren angewandt. Besondere Formen von Experimenten sind Feld- und Laborexperimente.

Feldexperimente dienen der Beobachtung von Personen in ihrer »normalen und vertrauten« Umgebung (zum Beispiel das Einkaufsverhalten in einem Testmarkt).

Für Laborexperimente werden künstliche Bedingungen geschaffen (keine Störvariablen wie zum Beispiel Wetter oder Beeinflussung durch Dritte), in denen Testpersonen in ihrem Kaufverhalten beobachtet werden.

D4 : Datenanalyse und Verdichtung

Damit Untersuchungseinheiten (zum Beispiel Einstellungen zum Produkt) und deren Merkmalsausprägungen (zum Beispiel: angenehm, positiv, nützlich) miteinander verglichen werden können, müssen diese messbar gemacht werden. Unter einer Messung wird die systematische Beobachtung und Aufzeichnung empirischer Sachverhalte verstanden. (»Empirisch« werden alle Begriffe, Urteile und Schlüsse genannt, welche sich bloß auf Erfahrung gründen). Durch die Zuordnung von Zahlen lassen sich die Wahrnehmungen, Einstellungen und Präferenzen von Kunden genau bestimmen. Diese Daten müssen dann verdichtet (wieder in Aussagen umgewandelt) werden, um relevante Informationen als Grundlage für Entscheidungen zu erhalten.

Zur Einordnung von Zahlenwerten zu Merkmalsausprägungen werden so genannte Skalen eingesetzt. Dabei wird zwischen Nominal-, Ordinal-, Intervall- und Ratioskalen unterschieden.

Erläuterung zu D4: Skalen

Je nach der Art eines Merkmals beziehungsweise je nachdem, welche Vorschriften bei seiner Messung eingehalten werden können, lassen sich verschiedene Stufen der Skalierbarkeit unterscheiden:

Nominalskalierung: niedrigstes Skalenniveau. Für verschiedene Objekte oder Erscheinungen wird lediglich eine Entscheidung über Gleichheit oder Ungleichheit der Merkmalsausprägung getroffen. Es handelt sich also nur um qualitative Merkmale (zum Beispiel Blutgruppen oder Geschlecht). Es gilt die Gleichheitsrelation, ich kann also entscheiden, ob zwei Ausprägungen gleich oder ungleich sind. Die Werte können aber nicht der Größe nach sortiert werden.

Ordinalskalierung: Für ein ordinalskalierbares Merkmal bestehen Beziehungen der Art »größer«, »kleiner«, »mehr«, »weniger«, »stärker«, »schwächer« zwischen je zwei unterschiedlichen Merkmalswerten. Über die Abstände zwischen diesen benachbarten Urteilsklassen ist jedoch nichts ausgesagt. Meist handelt es sich um qualitative Merkmale, wie zum Beispiel der in einer Frage gesuchte »höchste erreichbare Bildungsabschluss«. Ein weiteres Beispiel sind die Schulnoten: Note 1 ist besser als Note 2, ich habe aber keine Auskunft darüber, ob der Unterschied zwischen Note 1 und 2 gleich groß ist wie der zwischen Note 3 und Note 4.

Intervallskalierung: Die Reihenfolge der Merkmalswerte ist festgelegt, und die Größe des Abstandes zwischen zwei Werten lässt sich sachlich begründen. Als metrische Skala macht sie Aussagen über den Betrag der Unterschiede zwischen zwei Klassen. Die Ungleichheit der Merkmalswerte lässt sich quantifizieren, also in Zahlen beschreiben (zum Beispiel Temperatur in Grad Celsius, Intelligenzquotient), und es ist erlaubt, Differenzen zu bilden (zum Beispiel $x = y - z$). Der Nullpunkt und der Abstand der Klassen (Größe der Einheit) sind jedoch willkürlich festgelegt. (zum Beispiel Grad Celsius, Grad Fahrenheit)

Verhältnisskalierung, auch Ratioskalierung: Besitzt das höchste Skalenniveau. Bei ihr handelt es sich ebenfalls um eine metrische Skala, im Unterschied zur Intervallskala existiert jedoch ein absoluter Nullpunkt (z.B. Blutdruck, Temperatur in Kelvin, Lebensalter). Einzig bei diesem Skalenniveau sind Multiplikation und Division sinnvoll und erlaubt. Verhältnisse von Merkmalswerten dürfen also gebildet werden.

Die durch den Messvorgang gewonnenen Daten werden anhand der Kriterien Objektivität, Gültigkeit und Zuverlässigkeit bewertet.

Hinsichtlich der Auswertung der Daten wird je nach Anzahl der untersuchten Variablen zwischen univariaten (eine Variable), bivariaten (zwei Variablen) und multivariaten Verfahren (mehreren Variablen) unterschieden.

Erläuterung zu D4: Verfahren nach Variablentypen

Die univariate Messung: beschreibt nur eine Variable. Zum Beispiel Häufigkeitsanalysen (Wie viel Prozent der Kunden sind Vereinsmitglieder?) und Mittelwertsbestimmungen (durchschnittliches Alter der Zielgruppe).

Die bivariate Messung: beschreibt die Beziehungen zweier Merkmale. Hier kommen beispielsweise einfache Regressionen (zum Beispiel die Abhängigkeit von Einkommen von der Schulbildung), Kreuztabellen (etwa Kinobesuch nach Schulbildung) und so genannte Break-Downs (Mittelwertsvergleiche, zum Beispiel durchschnittliches Alter der Kinobesucher des Films *Casablanca*, verglichen mit dem des Films *Terminator*) zur Anwendung.

Die multivariate Messung: macht Annahmen über mehr als zwei Merkmale und beschäftigt sich mit Verfahren der multiplen Regressionsanalyse (zum Beispiel der Umsatz in Abhängigkeit von der Veränderung mehrerer Variablen), der Faktorenanalyse zur Reduktion von Variablen und der Clusteranalyse zur Verdichtung von Kunden und Kundengruppen.

D5: Dokumentation und Präsentation

Die Ergebnisdokumentation besteht in erster Linie in der Erstellung eines Forschungsberichts, in dem die Ergebnisse, das Vorgehen der Untersuchung und die Grenzen der Ergebnisse dargestellt sowie mögliche Schlussfolgerungen abgeleitet werden. Im Anschluss wird der Bericht den Entscheidungsträgern des Unternehmens in einer allgemein verständlichen Präsentation vorgestellt, in der eventuell noch neue Erkenntnisse hinsichtlich des Untersuchungsgegenstands gewonnen werden. Unsere Unternehmenspraxis zeigte jedoch, dass eine zielgruppenspezifische Präsentation vor Berichterstellung zweckmäßiger ist, da dann noch neu aufgetretene Fragen berücksichtigt werden können und keine Nachlieferung erfolgen muss. Ganz wichtig ist die Zielgruppe der Dokumentation. Um es auf den

Punkt zu bringen: Controller wollen und lesen nur Zahlen, PR-Leute bevorzugen (weiterverarbeitbare) Texte, und im Marketing sind anschauliche Visualisierungen in Form von selbsterklärenden Grafiken gewünscht.

D6: Decision (Entscheidung)

In der Praxis endet leider häufig ein Marktforschungsprojekt mit der Präsentation der Ergebnisse und der Überreichung des kommentierten Berichtsbandes. Bei den abzuleitenden Entscheidungen verschließen sich dem Marktforscher dann die Türen. Die Entscheidungsträger des Unternehmens müssen nun beurteilen, ob sich aufgrund der Untersuchungsergebnisse Strategien ableiten oder Instrumente einsetzen lassen, die zur gewünschten Zielsetzung beitragen. Die Ergebnisse werden hierfür noch einmal diskutiert, bewertet und interpretiert. Sinnvoll ist Marktforschung nur dann, wenn die gewonnenen Erkenntnisse auch entsprechende Entscheidungen auslösen. So wurde beispielsweise vor Jahren bei einem Clubreiseanbieter aufgrund einer groß angelegten repräsentativen Urlauberbefragung vor Ort in einem Clubdorf der Chef ausgetauscht, da er auf die Anliegen der Gäste nicht einging, im anderen die gesamte Sportausrüstung (Segel und Surfbretter) erneuert und in einem dritten der Koch ersetzt, da die Gäste dauernd Bauchschmerzen bekamen. Und dies alles noch während der Saison, um sofort korrigierend einzugreifen.

D7: Durchführung

Die Entscheidung zur Kursänderung ist eine Sache, deren Umsetzung und Implementierung eine andere. Die Umsetzung in die Praxis sollte demnach auf jeden Fall zeitnah erfolgen. Vor allem vor dem Hintergrund der Vollständigkeit, des Umfangs und der Kosten des Marktforschungsprozesses ist dies besonders wichtig. Auch wenn die Ergebnisse nicht den Erwartungen entsprechen, sollte das Wissen nicht in der »Schublade« verschwinden.

Informationen aus der Marktforschung sind nur dann sinnvoll, wenn sie das Entscheidungsrisiko minimieren. Dabei müssen die Kosten der Informationsgewinnung niedriger als der durch die Marktforschung erzielte Nutzen sein. Kosten und Nutzen sind demnach abzuschätzen und gegeneinander abzuwägen. Der Nutzen solcher Daten lässt sich mit vielerlei Schätzungsgleichungen ermitteln (zum Beispiel mithilfe einer Kosten-Nutzen-Analyse, mit welcher sich auch Einstellungsänderungen und Auswirkungen der geänderten Maßnahmen feststellen lassen).

Wie Sie sehen, ist der Marktforschungsprozess mit der Erhebung vielerlei Daten verbunden, und es stehen viele Methoden zur Verfügung, wie man diese erhalten kann. Die beschriebenen Methoden sollen nur einen kurzen Einblick in die Möglichkeiten geben, die Sie haben, jedoch eines sollten Sie hier mitnehmen: Der Prozess besteht immer aus diesen sieben Teilschritten, und es ist sehr hilfreich, sich an ihnen zu orientieren. Jedes der Mittel zur Gewinnung der für Sie relevanten Werte hat seine Vor- und Nachteile, aber das wichtigste ist, dass Sie überhaupt solche Richtwerte zur Verfügung haben, um daraus vernünftige Schritte ableiten zu können, um ihr Unternehmen näher am Kunden auszurichten. Schon wenige erhobene Daten können vielfach von Nutzen sein, denn sie können Bände sprechen.

Dann ist ein Kunde ein Kunde

Viele Unternehmen suchen nach den richtigen Kundensegmenten und Segmentstrategien, um ein stärkeres Wachstum zu erreichen. Eine erfolgreiche Kundeneinteilung beschäftigt sich typischerweise mit den folgenden Fragestellungen:

- Wie spiegelt sich die Unternehmensstrategie in der Kundensegmentierung wider?
- Wie bewerte ich das Geschäftspotenzial eines Kunden?
- Welche Branchen haben das größte Wachstumspotenzial?
- Wie grenze ich Kundensegmente richtig ab?
- Wie häufig nehme ich eine Kundensegmentierung vor?

Während der achtziger Jahre stellte sich auf der Suche nach Spitzenleistungen die Nähe zum Kunden als ein wesentlicher unternehmerischer Erfolgsfaktor heraus. Mittlerweile steht in den meisten strategischen Überlegungen die Kundennähe im Fokus. Schließlich ist es der Kunde, der mit seinen Kaufentscheidungen den größten Einfluss auf die Gewinne oder Verluste eines Unternehmens ausübt.

Auch hier gilt: Qualität vor Quantität. Es ist aus Anbietersicht daher sinnvoll, vornehmlich »wertvolle« Kunden zufrieden zu stellen. Deshalb stellt sich die Frage: »Wer ist ein wirklich wertvoller Kunde für mein Unternehmen?« Zum einen müssen geeignete Verfahren entwickelt und angewandt werden, um den Kundenwert zu ermitteln. Zum anderen müssen Maßnahmen gefunden werden, durch die der Kunde langfristig und eng an die Firma gebunden werden kann.

Wie im Rahmen von Untersuchungen zur Kundenzufriedenheit beobachtet werden konnte, verlangen Kunden zunehmend individuellere Produkte. Wo früher Massenproduktionen und standardisierte Leistungen ausreichten, um einen großen Kundenkreis abzudecken, müssen Produkte und Dienstleistungen heutzutage immer kundenspezifischer und auf die individuellen Bedürfnisse ausgerichtet werden. Deshalb dürfen unternehmerische Ressourcen nicht ausschließlich auf die Kundenzufriedenheit ausgerichtet sein, sondern es muss in einem kontinuierlichen Entwicklungsprozess der Fokus auch auf Kundenprofitabilität und Kundenwert gelegt werden. Da ein zunehmender Anteil kundenindividueller Leistungen entsprechende kundengebundene Kosten verursacht, müssen Kundensegmente zielgerichtet ausgewählt und bedient werden. Eine Grundvoraussetzung sowohl für die Kundensegmentierung als auch für das Angebot kundenspezifischer Leistungen ist die Errichtung einer Datenbank, die möglichst umfassend relevante und aktuelle Daten über Kunden, Interessenten und ehemalige Kunden enthält. Das Management solcher Datenbanken wird als Customer-Profiling bezeichnet. Customer-Profiling ist eine auf Verhaltens- oder Kaufdaten basierende Segmentierung, welche die Kunden in homogene Kundengruppen gliedert. Ziel ist es, den richtigen Kunden zum richtigen Zeitpunkt mit den richtigen Argumenten überzeugen zu können.

Personen, Bedürfnisse und Anwendungssituationen

Die Möglichkeiten, Absatzmärkte für die eigenen Produkte und Dienstleistungen zu finden, sind so heterogen wie die Akteure, mit denen Kaufverhandlungen geführt werden. Menschen unterscheiden sich in ihrem Geschlecht, im Lebensalter sowie in ihren Bedürfnis- und Verhaltensstrukturen. Gleichzeitig variieren die Situationen, in denen Problemlösungen gefordert und unterschiedliche Ansätze dazu gefunden werden können.

Grundvoraussetzung für die gezielte Beeinflussung des Kaufverhaltens ist zunächst die Aktivierung des Konsumenten, das heißt die Versetzung in einen Zustand der Leistungsbereitschaft, Leistungsfähigkeit und Bedürfnisweckung. Dies wird beispielsweise durch emotionale Reizwirkungen erreicht. Damit verbunden ist ein bestimmtes Maß an Aufmerksamkeit, also Selektion und Konzentration auf die aktivierenden Reize/Informationen erforderlich, das zu einer »Ich-Beteiligung« beziehungsweise zu einem Engagement der Zielperson führt, dem so genannten Involvement. Die Beteiligung am Kauf ist für die Kunden sehr wichtig und steht in enger Verbindung zur Persönlichkeit und Selbsteinschätzung. Die so genannten intrapersonalen Bestimmungsfaktoren weisen durch entsprechende Interpretation in die Richtung, in welche die Handlung führen wird, und erzeugen entsprechende Emotionen. Diese sind wiederum eine vornehmliche Antriebsfunktion für menschliches Handeln, zum Beispiel »Freude am Fahren«. Werden emotionale Vorgänge mit einer Zielorientierung versehen, so stehen nun die menschlichen Motive und Bedürfnisse im Fokus. Das Motiv beantwortet die Frage nach dem »Warum« des Handelns. Es versorgt den Kunden mit Energie und richtet das Verhalten auf ein konkretes Ziel aus, etwa Durstlöschen durch den Kauf eines Getränks. Des Weiteren bestimmen Einstellungen das Käuferverhalten. Diese sind die innere Bereitschaft eines Individuums, auf bestimmte Reize der Umwelt positiv oder negativ zu reagieren. Im Unterschied zum Motiv nimmt die Einstellung eine Gegenstandsbeurteilung vor. Dies bedeutet, dass die Objektorientierung vom Motiv zu den Einstellungen führt, welche drei wesentliche Komponenten beinhalten, die affektive Komponente (gefühlsmäßige Einschätzung des Objekts), die kognitive Komponente (subjektives Wissen und Gedanken zum Objekt) und die konative Komponente (Handlungstendenz, zum Beispiel Kaufbereitschaft). Folglich sind Einstellungen unmittelbar handlungsleitend für das Marketing. Die Integration von Einstellungen in ein konsistentes System führt zu bestimmten Wertvorstellungen, die dauerhafter sind als Einstellungen. Sie bestimmen Verhaltensweisen als grundlegende Zielvorstellungen, die von einem Lebensstil gekennzeichnet sind. Ein Beispiel: Der Wert »Familienorientierung« mit subjektiven Einstellungen zum Wohnen, Essen, Freizeit und so weiter.

Die Interaktion der bisher angesprochenen Faktoren, die das Käuferverhalten bestimmen, führt zu einem Verhaltensmuster, das insgesamt mehr Gewicht hat als jedes andere Kriterium. Unter dem Begriff Verhaltensmuster ist der Begriff der Persönlichkeit eines Käufers zu verstehen. Persönlichkeit ist ferner ein Überbegriff für Merkmale wie Offenheit, Neugier, Sportlichkeit, Auftreten und Ähnliches. Diese Persönlichkeitsmerkmale können angeboren oder im Verlauf des Lebens erlernt beziehungsweise ausgebaut werden. Mithilfe solcher Kriterien lassen sich Käufertypologien entwickeln, auf deren Grundlage das jeweilige Produktangebot auf die ermittelten Zielgruppen abgestimmt werden kann.

Ein einfaches Beispiel aus dem Bereich Nahrungsmittel verdeutlicht, wie vielschichtig unterschiedliche Bedürfnisse an Situationen gekoppelt werden können. Müsliriegel haben sich entwickelt, weil das Bedürfnis nach gesunder Nahrung mit dem Wunsch nach kurzfristiger Hungerstillung gekoppelt wurde. Der Müsliriegel als Snack kann sowohl für Personen relevant sein, die sich gesund ernähren und nicht auf die kleine Zwischenmahlzeit zwischendurch verzichten wollen, wie auch für Personen, die einer sportlichen Betätigung nachgehen und kurzfristig ihren Nähr- und Ballaststoffhaushalt ausgleichen möchten. Unterschiedliche Bedürfnisse bedingen unterschiedliche Situationen für unterschiedliche Personen.

Aus diesen Kombinationen ergeben sich unterschiedliche Segmentierungsansätze, nach denen der Gesamtmarkt produktseitig in Kategorien oder zielgruppenspezifisch in Teilsegmente aufgeteilt werden kann.

Nachdem der Gesamtmarkt nach den oben erklärten Ansätzen segmentiert wurde, lassen sich aus den Ergebnissen konkrete Ansatzpunkte für ein angemessenes Marketing ableiten. Dabei gilt es, das Produkt oder die Dienstleistung optimal am Markt zu positionieren. Beide müssen so am Markt platziert werden, dass sie sich vom Angebot der Wettbewerber abheben und dem Kunden zugleich einen Mehrnutzen bieten. In diesem Fall wird von Differenzierung gesprochen. Diese differenzierte Positionierung spiegelt sich oftmals in Slogans wider (zum Beispiel *Jever*: »friesisch herb«).

Analysieren Sie Ihre Kunden richtig

In diesem Abschnitt werden folgende Themen behandelt:

▶ ABC-Analyse
▶ Kundenlebenszyklus
▶ Customer-Lifetime-Value
▶ Kundenportfolio
▶ Customer-Intelligence

Bevor Sie in die Analyse Ihrer Zielgruppe einsteigen können, sollten Sie sich zunächst folgende Fragen stellen:

• Wer sind meine Kunden?
• Welche Ziele, Absichten, welches Kaufverhalten haben sie?
• Welche Strategie verfolgen Kunden beim Kauf?
• Welche Stärken und Schwächen besitzen sie?

Demnach müssen die Kunden zunächst identifiziert werden. Ausgehend von der Kundenbasis müssen die Motive und Ziele der einzelnen Kunden erkannt und ihre individuellen Vorgehensweisen während des Einkaufs ergründet werden. Zudem sollten mögliche Reaktionen seitens der Konsumenten auf das eigene Handeln abschätzbar sein. Zur Analyse Ihrer Kunden sollten Sie sich fragen, welche Informationen vom Kunden verfügbar sind, welche Daten aus Marktanalysen für Sie von Nutzen sein könnten und welche Informationen aus sonstigen Quellen, wie etwa Branchenreports, zurate gezogen werden können. Aus dieser Ansammlung von Informationen müssen nun die relevanten Basisdaten festgelegt, aufbereitet und analysiert werden. Es findet also eine Selektion der wesentlichen Daten statt. Anschließend lassen sich aus den vorhandenen Daten Kundengruppen, das heißt Kunden mit denselben Einstellungen und Motiven, zusammenfassen. Ein Beispiel ist die Umplatzierung von Produkten im Handelswarengeschäft. Der Kunde muss sich nun umorientieren, um ein von ihm gewünschtes Produkt zu finden. Die Frage ist nun, ob er so lange sucht, bis er es gefunden hat, oder aus Bequemlichkeit auf ein Ersatzprodukt ausweicht, welches sich im Blickfang befindet. Interessant ist auch die Beobachtung des Kundenverhaltens im Bereich der Kasse. Hier liegt folgende Prämisse zugrunde: Je länger die Warteschlange ist, desto eher kann der Kunden zum zusätzlichen ungewollten Kauf, beispielsweise von Kaugummis oder ähnlichen Artikeln, verführt werden. Fraglich ist hierbei also, wie sich der Kunde bei Platzierung der Ware in greifbarer Nähe verhält und ob er dieses Produkt auch gekauft hätte, wenn es nicht sofort erkennbar gewesen wäre. Erst, wenn das Verhalten der Kunden ergründet worden ist, lässt sich feststellen, welche Strategien und Maßnahmen ein Unternehmen bezüglich welcher Kundensegmente anwenden muss, um seine Ziele erreichen zu können.

ABC-Analyse

Spätestens in der Vorweihnachtszeit machen sich die meisten Unternehmen Gedanken darüber, wie sie ihren Kunden eine Freude machen können. Dies beschränkt sich in vielen Betrieben immer noch auf eine simple Weihnachtskarte. Einige Firmen dagegen überlegen, wie sie die Kunden belohnen können, die besonders treu Dienste in Anspruch genommen oder Produkte nachgefragt haben. Neben dieser mengenmäßigen Betrachtung findet üblicherweise der Umsatz die größte Beachtung. Hierbei spricht man von der ABC-Analyse, einem umsatzabhängigen Analyseinstrument, das in vielen Unternehmen anzutreffen ist. Bei diesem Instrument werden die Kunden nach ihrem Umsatzbeitrag innerhalb eines bestimmten Betrachtungszeitraums, zum Beispiel während des vergangenen Jahres, bewertet. Besonders umsatzstarke und damit sehr wichtige Kunden werden als A-Kunden bezeichnet. In der Praxis ist zu beobachten, dass A-Kunden, die in der Regel 20 Prozent der Gesamtkunden ausmachen, wesentlich zum Gesamtumsatz beitragen. Ihr Anteil entspricht in der Regel 80 Prozent. Dieses Phänomen wird auch Pareto-Prinzip oder 80/20-Regel genannt, wie aus Abbildung 7 ersichtlich wird.

Abbildung 7: Pareto-Prinzip

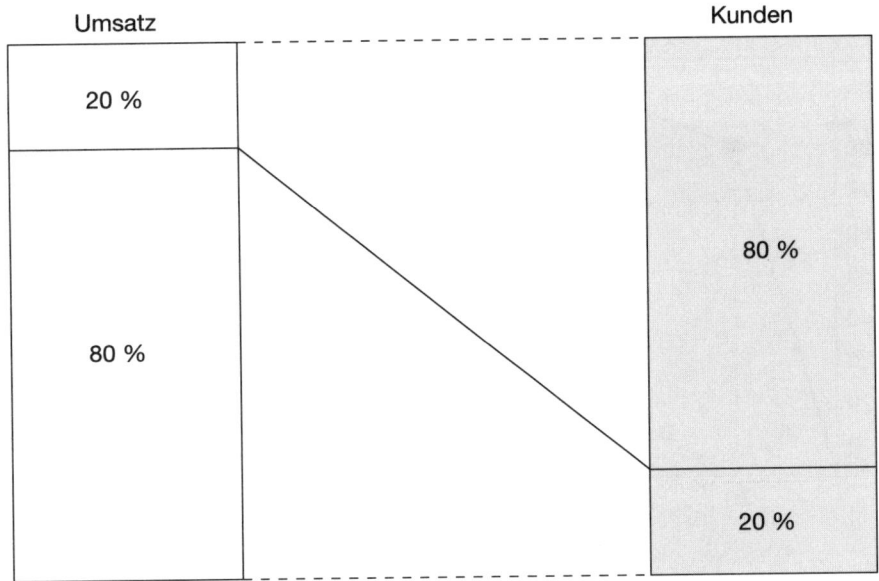

B-Kunden sind wichtige Kunden, da sie mit ca. 30 Prozent der Gesamtkunden einen mittleren Beitrag zum Gesamtumsatz leisten. Zusammen mit den A-Kunden von 20 Prozent stellen sie insgesamt etwa 50 Prozent des Kundenvolumens dar und erbringen in der Regel 95 Prozent des Umsatzes. Die restlichen 5 Prozent des Gesamtumsatzes entfallen auf so genannte C-Kunden. Diese Kundengruppe ist für das Unternehmen zwar nicht unwichtig, aber weniger wertvoll. Dies hat zur Folge, dass beispielsweise im Außendiensteinsatz C-Kunden nicht mehr persönlich besucht, sondern nur noch postalisch kontaktiert werden. In Abbildung 8 ist die Einteilung nach ABC-Kunden entsprechend den oben genannten Prozenten dargestellt.

Die ABC-Analyse kann ferner ein Kontrollinstrument für die Veränderung der Struktur im Zeitablauf sein, etwa wenn der Anteil der A- und B-Kunden zulasten der C-Kunden ausgebaut werden soll. Wenn C-Kunden eliminiert werden, ist auf mögliche Abhängigkeiten zu weiteren Kunden zu achten. Ein besonderes Augenmerk ist zudem auf Neukunden zu richten, da deren Einstufung für die weitere Betreuung und somit den Erfolg des Unternehmens relevant ist.

Abbildung 8: ABC-Analyse

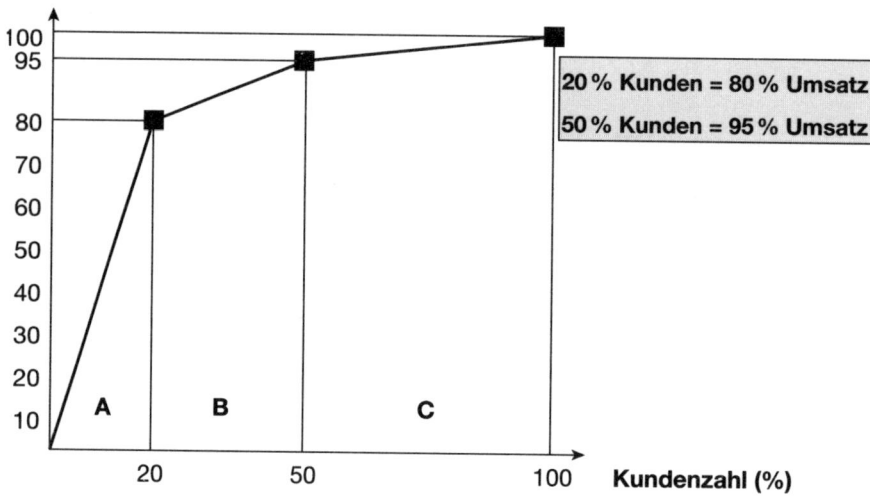

Umsätze kumulativ (%)

20 % Kunden = 80 % Umsatz
50 % Kunden = 95 % Umsatz

A   B   C

20   50   100   **Kundenzahl (%)**

Kundenlebenszyklus

In der Praxis kann die reine ABC-Analyse allerdings in die Irre führen.
Ein C-Kunde kann beispielsweise ein Neukunde sein, der erst im letzten
Quartal zu Ihrem Unternehmen gestoßen ist. Gemäß der ABC-Analyse
würden Sie ihn falsch bewerten, wenn Ihre Vertriebsressourcen oder
Kommunikationsmittel entsprechend gekürzt werden müssen und Sie ihn
aufgrund seines C-Status nicht mehr bedienen würden. Auf der anderen
Seite kann ein C-Kunde tatsächlich ein Kunde sein, der immer weniger
nachfragt, da er Alternativen aufgetan hat oder sich gänzlich aus dem
Geschäftsfeld zurückziehen möchte. Um in Ergänzung zur ABC-Analyse
ein differenzierteres Bild von Ihren Kunden zu erhalten, empfiehlt sich
die Anwendung des Lebenszykluskonzepts. Dieses Gesetz des Werdens
und Vergehens findet sich genau wie in der Natur auch bei Ihren Kunden
wieder. Der Lebenszyklus unterliegt mehreren Phasen: Die Kenntnis-
nahme und Annäherung an den Kunden ist Teil der Kundengewinnung.
Die Beziehung zu ihm wird anschließend in den Phasen der Ausdehnung
und Bindung intensiviert und damit sein Wert für das Unternehmen

erhöht. In der Phase der Auflösung sinkt der Wert wieder, beziehungsweise die Beziehung zum Kunden löst sich allmählich auf. Es besteht nun die Möglichkeit, ihn in der Revitalisierungsphase wiederzugewinnen, das heißt, dass der Kundenlebenszyklus im Grunde wieder von neuem beginnt. Über den gesamten Kundenlebenszyklus hinweg gilt, dass unprofitable Kundenbeziehungen beendet werden sollen. Abbildung 9 stellt den Kundenlebenszyklus grafisch dar.

Im Bereich von Finanzdienstleistern, wie beispielsweise Banken und Versicherungen, wird oftmals mit Kundenprofilen gearbeitet. Einerseits können damit Kosten gespart und Mittel effektiv eingesetzt werden, andererseits bietet dies die Möglichkeit, die Kundenbindung aufrechtzuerhalten. Beispielsweise neigen junge Menschen mit dem Ziel der Familiengründung eher dazu, Kredite aufzunehmen (etwa für Hausbau, Wohnungseinrichtung). Im Rentenalter ist in der Regel die »Ernte der Früchte« und damit der Vermögensverzehr das Hauptanliegen.

Customer-Lifetime-Value

Eine Erweiterung des Kundenzyklusmodells ist das Konzept des Customer-Lifetime-Value (CLTV). Während es bei der ABC-Analyse und beim Lebenszyklusmodell um eine Bestandsaufnahme mit Gegenwartsbezug geht, versucht das Konzept des CLTV, den zukünftigen Kundenprozess auf den heutigen Entscheidungszeitpunkt zu reduzieren. Konkret heißt dies, dass alle zukünftigen Einzahlungsüberschüsse, also die Differenz zwischen den jeweiligen kundenbezogenen Einnahmen und Ausgaben, heute schon berücksichtigt werden. In der Investitionsrechnung kennt man dieses Verfahren als die Kapitalwertmethode, mit der alternative Investitionsentscheidungen nach finanziellen Kriterien ausgewählt werden können. Anwendung findet die CLTV-Methode insbesondere im Versicherungsbereich und dort vor allem bei Kapitallebensversicherungen. Übertragen auf den allgemeinen Marketingbereich, bedeutet diese Methode für interne wie externe Kunden eine wesentliche Erweiterung der Entscheidungssicht, da hier eine periodenübergreifende Betrachtung vorliegt, die den Wert des Kunden für das Unternehmen ermittelt. Dagegen bezieht sich die ABC-Analyse immer nur auf einen bestimmten Zeitpunkt, zum Beispiel getätigter Umsatz

Abbildung 9: Kundenlebenszyklus

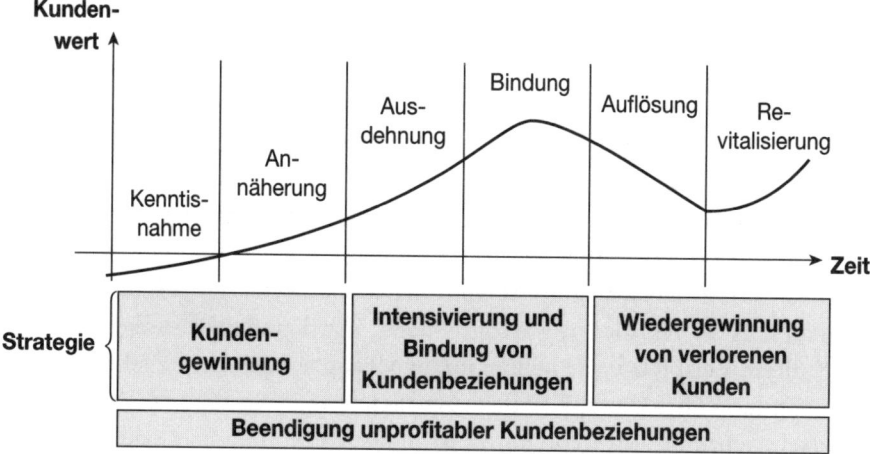

bis 31. Oktober des Betrachtungsjahres, und ist damit eine Gegenwartsbetrachtung ohne Berücksichtigung zukünftiger Umsatzpotenziale.

Die Formel des CLTV in Periode 0, also heute, stellt sich folgendermaßen dar:

$$CLTV_0 = \sum_{t=0}^{T} \frac{e_t - a_t}{(1+i)^t}$$

Hierbei wird in jeder Periode t der zukünftige Auszahlungsstrom a vom Einzahlungsstrom e abgezogen und mit einem Kalkulationszins i abgezinst. Entscheidungskriterium ist dann der höhere diskontierte Kundenwert.

Es ist zu beachten, dass bei der Ermittlung des CLTV der theoretische Kundenwert vom tatsächlichen Kundenwert zu unterscheiden ist. Ersterer berücksichtigt die Gesamtausgaben eines Abnehmers, wohingegen der tatsächliche Kundenwert nur die Ausgaben berücksichtigt, die der Abnehmer auch tatsächlich beim eigenen Unternehmen tätigt.

Beispielsweise ermittelt ein Autohändler den theoretischen Kundenwert, indem er zunächst den Kundenlebenszeitwert von Abnehmern schätzt. Durchschnittlich sind seine Kunden beim Erstkauf meist 45 Jahre alt. Der Autohändler nimmt an, dass Kunden im Durchschnitt alle fünf Jahre einen Neuwagen im Wert von 15 000 Euro kaufen werden sowie zusätzliche Serviceleistungen in Höhe von etwa 300 Euro pro Jahr in Anspruch nehmen werden. Er rechnet außerdem damit, dass die Geschäftsbeziehung 20 Jahre anhält, er also die Kunden bis zum 65. Lebensjahr betreut. Insofern hat ein durchschnittlicher Autofahrer einen Kundenwert von 66 000 Euro (viermal Neuwagen + zwanzigmal Serviceleistungen).

Die Akquisekosten (unter anderem Auftritte bei Messen), Werbekosten (Anzeigen), Kundenbindungskosten (Präsente) und andere (Kaffee im Autohaus) schätzt der Händler pro Jahr auf 6 000 Euro. In 20 Jahren wären dies 120 000 Euro an kundenorientiertem Auszahlungsstrom. Nun rechnet er diese Auszahlung auf den einzelnen Kunden herunter, indem er diese durch seine 200 Kunden teilt (600 Euro pro Kunde). Mit bekanntem Kalkulationszins könnte er nun den CLTV bestimmen.

Es besteht aber auch die Möglichkeit, das Grundmodell des CLTV um beliebig viele qualitative Faktoren zu erweitern. Neben quantitativen Größen wie den Akquisitionskosten, den zuordenbaren Einzelkosten oder dem Umsatz sind weitere Faktoren wie zum Beispiel Kundenverbesserungsvorschläge, die zur Qualitätssteigerung des Produktes beitragen, Weiterempfehlungspotenzial (Überzeugungskraft des Konsumenten) oder das Cross-Selling-Potenzial möglich. Das Cross-Selling-Potenzial gibt Auskunft über die mögliche Nutzung weiterer Leistungen beim gleichen Anbieter, zum Beispiel inwiefern ein Versicherungskunde, der bisher lediglich eine Haftpflichtversicherung bei einer Versicherungsgesellschaft abgeschlossen hat, dazu bewegt werden kann, etwa eine Unfall- oder Kfz-Versicherung abzuschließen. Außerdem können mittels dieser Kundenbewertungsform Kosten und Erträge einzelnen Phasen zugeordnet und dadurch die Marketinginstrumente entsprechend eingesetzt werden. Die theoretisch mögliche Zuordnung des Kunden in eine der Phasen macht es leicht möglich, die Marketingmaßnahmen auf ihn und seine momentanen Bedürfnisse zuzuschneiden.

Die CLTV-Methode beinhaltet das grundsätzliche Problem der Prognose-Unsicherheit. Einerseits fällt es schwer, die voraussichtliche Dauer einer Kundenbeziehung abzuschätzen, andererseits ist es noch unwahrscheinlicher, der Rechnung angemessene kundenbezogene Ein- und Auszahlungsströme zugrunde zu legen. Hinzu kommt, dass die Bestimmung des zugrunde liegenden Zinsfußes ebenfalls Schwierigkeiten mit sich bringt. Deswegen ist das Modell des Customer-Lifetime-Value trotz seiner in der Theorie guten Eignung praktisch schwer anwendbar.

Kundenportfolio

Der Grundgedanke der Portfoliotechnik kommt ursprünglich aus der Finanzmathematik. Hierbei gilt es, eine optimale Abwägung zwischen Rendite (Zins eines Wertpapiers) und Risiko (Kursverfall) zu finden. Dies bedeutet, ein so genanntes ausgewogenes Aktien- oder Rentenportfolio aufzubauen, wie es Fondsmanager beinah täglich neu zusammenstellen.

Analog dazu werden Sie in Ihrem Portemonnaie kaum nur einen 500-Euroschein mit sich tragen, sondern in der Regel einige größere und kleinere Scheine sowie Münzen. An Tankstellen und Zigarettenautomaten etwa werden 500-Euroscheine nicht als Zahlungsmittel akzeptiert.

Ein weiteres Beispiel: Ein Weinhändler bietet nicht nur eine Sorte Wein an, sondern eine Vielzahl von Weinen (rot, weiß, rosé) aus verschiedenen Anbaugebieten und unterschiedlichen Jahrgängen. Interessant ist hier auch, dass gerade beim Weinhandel immer neue Produkte mit jeder neuen Lese hinzukommen, ähnlich dem Lebenszykluskonzept, bei dem immer wieder neue Kunden hinzustoßen. Trotzdem hat ein Wein üblicherweise nur eine gewisse Haltbarkeit und deshalb ein natürliches Ende. Insofern integriert die Portfoliotechnik den Lebenszyklus in sich. Das Kundenportfolio ist in Abbildung 10 dargestellt.

Eine Verknüpfung mit dem CLTV findet sich in der vertikalen Achse der Portfoliotechnik wieder, nämlich dem Kundenwachstum bei der so genannten Vierfeldermatrix der *Boston Consulting Group* (BCG).

In Erweiterung der drei bisher beschriebenen Analysen, die ausschließlich den eigenen Kunden im Fokus hatten, findet sich in der Portfoliotechnik ein ergänzender Bezug zu den Wettbewerbern durch die Achse »Relativer Lieferanteil« (die horizontale Achse der Vierfeldermatrix).

Diese Vierfeldermatrix repräsentiert im Grunde den Kundenlebenszyklus. Das bedeutet, dass sich jeder Kunde von der Gewinnung für das Unternehmen über die Intensivierung bis zur Auflösung der Beziehung für einen bestimmten Zeitraum in allen Bereichen befindet. Ein Portfolio beschreibt die optimale Risikomischung von Kundengruppen. Es hilft daher bei der Entscheidung, in welche Kunden mehr und in welche weniger investiert werden soll. In intensive Kundenbeziehungen sollte weiter investiert werden, umsatzschwache Kundenbeziehungen sollten hingegen weniger gefördert, wenn nicht sogar ganz beendet werden.

Abbildung 10: Kundenportfolio

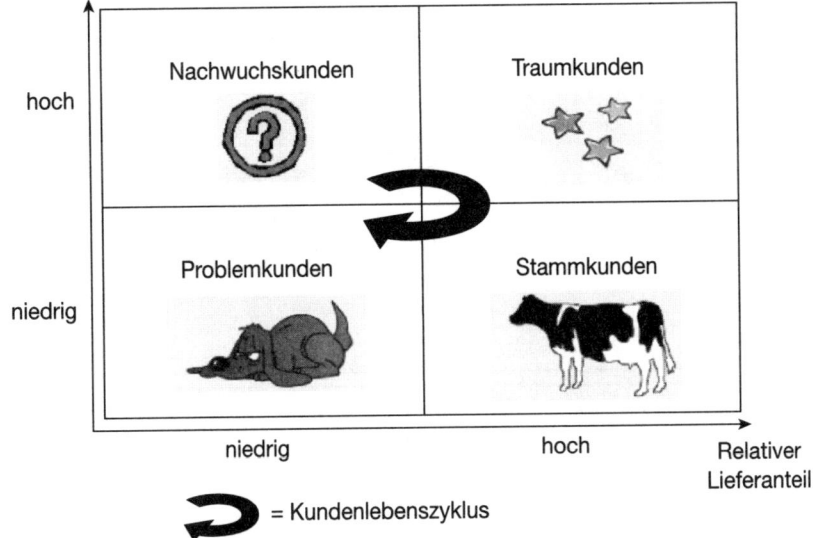

Kundenwachstum in %

hoch — Nachwuchskunden — Traumkunden

niedrig — Problemkunden — Stammkunden

niedrig — hoch — Relativer Lieferanteil

= Kundenlebenszyklus

Ein wesentlicher Unterschied zu den zuvor beschriebenen Analysen besteht neben der Portfolioanalyse in der Portfoliostrategie. Zunächst werden so genannte strategische Kundengruppen gebildet, die in sich möglichst homogen (gleich) sind, zu anderen Kundengruppen aber heterogen (unterschiedlich) sein müssen. Innerhalb der Portfolioanalyse werden die strategischen Kundengruppen zunächst bewertet, wobei die Kriterien Kundenwachstum und relativer Lieferanteil Anwendung finden. Innerhalb der Portfoliostrategie werden zukünftige Zielpositionen der Kundengruppen abgebildet. Das heißt, es besteht ein deutlicher Unterschied zwischen einem Ist-Portfolio, welches die derzeitige Stellung der Kundengruppen abbildet, und einem Ziel-Portfolio, welches die zukünftige Position ausweist. Abbildung 11 zeigt diesen Unterschied.

Eine Erweiterung erfährt die Portfoliotechnik durch die Neunfeldermatrix nach McKinsey. Aber nicht die zusätzlichen Felder sind entscheidend, sondern die Veränderung der Achse, wobei die vertikale Achse jetzt nicht mehr ein einzelnes Kriterium wie etwa das Kundenwachstum darstellt, sondern eine Vielzahl von Merkmalen bündelt. Die Merkmale werden unter dem Begriff der Kundenattraktivität zusammengefasst. Sie gibt Informationen darüber, inwieweit ein Kunde für ein Unternehmen

Abbildung 11: Ist- und Zielportfolio

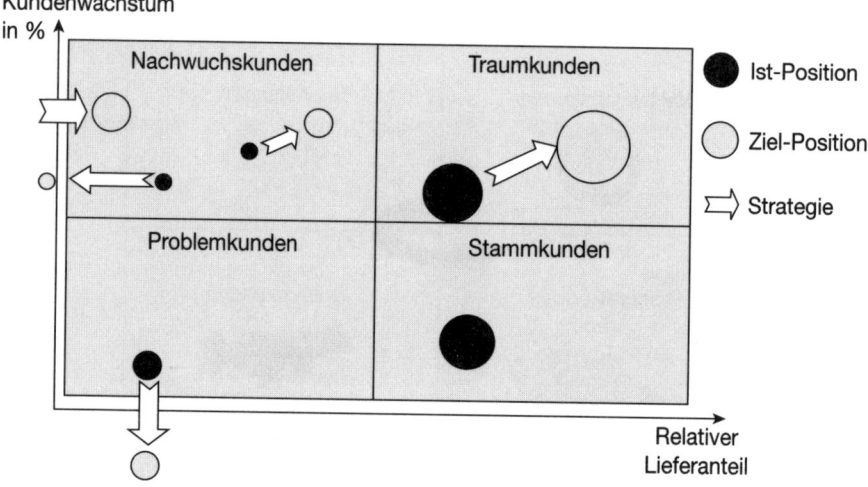

interessant ist. Auch die horizontale Achse fasst mehrere Merkmale zur Lieferantenposition zusammen. Sie drückt die eigene Erfolgsposition beim Kunden im Vergleich zur Konkurrenz aus.

Wie bei allen Portfoliotechniken handelt es sich auch bei der Ableitung des McKinsey-Portfolios um eine Strukturbetrachtung. Nicht nur der einzelne Kunde ist Untersuchungsgegenstand, sondern der gesamte Kundenkreis. Hinsichtlich des Bindungsmanagements der Kunden lässt sich nach Bruhn/Homburg aus dem Portfolio eine Systematisierung der Kunden vornehmen: »Starkunden«, »Entwicklungskunden«, »Perspektivkunden«, »Abschöpfungskunden«, »Mitnahmekunden« und »Verzichtskunden«.

Das McKinsey-Portfolio erweitert den Blickwinkel bezüglich der Stellung, die das eigene Unternehmen bei seinen Geschäftspartnern erreicht hat. Aus dem Gesamtzusammenhang des Kundenportfolios wird deutlich, ob ein Unternehmen eine starke Position beim Kunden besitzt und ob es Veränderungen (etwa Ausbau der Beziehungen zu attraktiven Kunden oder Abbau des Engagements bei unwichtigen Kunden) anstreben sollte.

Ob ein Kunde nun beispielsweise ein Starkunde oder ein Mitnahmekunde ist, wird anhand der beiden Dimensionen Kundenattraktivität und Lieferantenposition entschieden. Die beiden Dimensionen setzen sich jeweils aus mehreren Kriterien zusammen, die anhand eines Scoring-Modells bewertet werden. Die Kundenattraktivität baut zum Beispiel auf sechs Beurteilungskriterien auf, für die jeweils Punkte auf einer Fünf-Punkte-Skala zu vergeben sind. Die Beurteilungskriterien sind im Einzelnen Bedarfsvolumen des Kunden, potenzielles Bedarfswachstum, Preisdurchsetzbarkeit, Bonität/Zahlungsverhalten, Deckungsbeitragspotenzial und allgemeine Loyalität gegenüber Lieferanten.

Analog zur Kundenattraktivität wird die prozentuale Lieferantenposition eines Kunden wieder anhand der Fünf-Punkte-Skala berechnet. Hierbei sind die Kriterien Lieferanteil beim Kunden, Dauer der Lieferbeziehung, erreichte Auftragskontinuität, Kundenzufriedenheit, Unternehmensimage und erzielter Kundendeckungsbeitrag relevant.

Eine Möglichkeit der Kombination von Portfolio-Methode und Kundensegmentierung liefert das nachfolgende Praxisbeispiel *iPod*. So können Kunden beispielsweise anhand zwei verschiedener Dimensionen eingeteilt werden: zum einen nach dem Interesse an dem Produkt und zum anderen nach der Zahlungsbereitschaft. Abbildung 12 veranschaulicht das Beispiel.

Es existieren vier verschiedene Ebenen, in die Kundengruppen eingeteilt werden können:

- Kreuz-Kunden: Nicht nur die Zahlungsbereitschaft ist hoch, sondern auch das Interesse am Produkt. Ein intensives und erfolgreiches Kundenverhältnis ist sehr wahrscheinlich.
- Pik-Kunden: verfügen über eine hohe Zahlungsbereitschaft, beispielsweise für technische Produkte, haben aber nur wenig Interesse an MP3-Playern im Allgemeinen.
- Herz-Kunden: möchten einen *iPod* unter Umständen besitzen, jedoch nicht den geforderten Preis bezahlen. Eventuell lassen sich Kunden durch Diversifikationen gewinnen.
- Karo-Kunden: die schwierigste Kundengruppe, da kaum Interesse vorhanden und zudem auch keine Zahlungsbereitschaft anzunehmen ist. Die Wahrscheinlichkeit einer erfolgreichen Geschäftsbeziehung ist folglich sehr gering.

Die gewünschten Zielgruppen für das Produkt *iPod* sind demnach in erster Linie bei den Kreuz- und Pik-Kunden zu suchen.

Ein wirksamer Wettbewerbsvorteil ist die Fähigkeit, den Markt so zu seinen Gunsten zu segmentieren, dass man attraktive Kunden mit hohem

Abbildung 12: Kundensegmentierung iPod

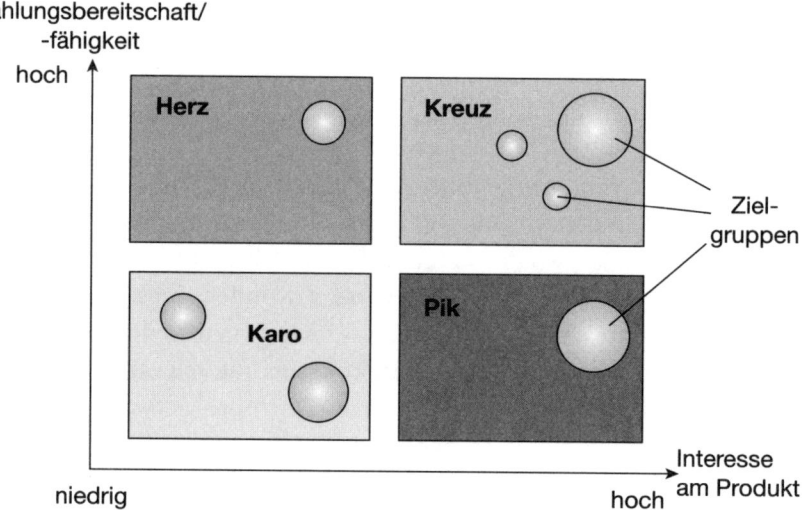

Potenzial von weniger attraktiven Kunden trennen und eine individuelle Produktpolitik beziehungsweise ein gezieltes Marketing in den einzelnen Segmenten betreiben kann. Erst wenn leistungsfähige Methoden zur Verfügung stehen, die das Informationspotenzial der Datenbanken ausschöpfen können, sind diese Kundendaten sinnvoll nutzbar.

Customer-Intelligence

Die höchste Form der Kundenanalyse besteht darin, Kundeninformationen in anwendbares Kundenwissen zu transformieren. Mehr noch als das Kundenportfolio beschäftigt sich das moderne Management-Tool der Customer-Intelligence mit der Entscheidungsfindung und Umsetzung im Unternehmen. Es hilft nicht nur, den Kunden zu verstehen, sondern die Schlüsse daraus zielgerichtet abzuleiten und in kundenorientiertes Marketing umzusetzen. Abbildung 13 zeigt die relevanten Schritte der Customer-Intelligence.

Die Konzeption und Durchführung eines geeigneten Prozesses gehören zu den wichtigsten Aufgaben der Customer-Intelligence. Der Prozess enthält sechs Stufen, die zur Wissensgenerierung, Entscheidungsfindung und Ergebnisbildung beitragen. Zu Beginn werden Kundendaten gesammelt,

Abbildung 13: Customer Intelligence

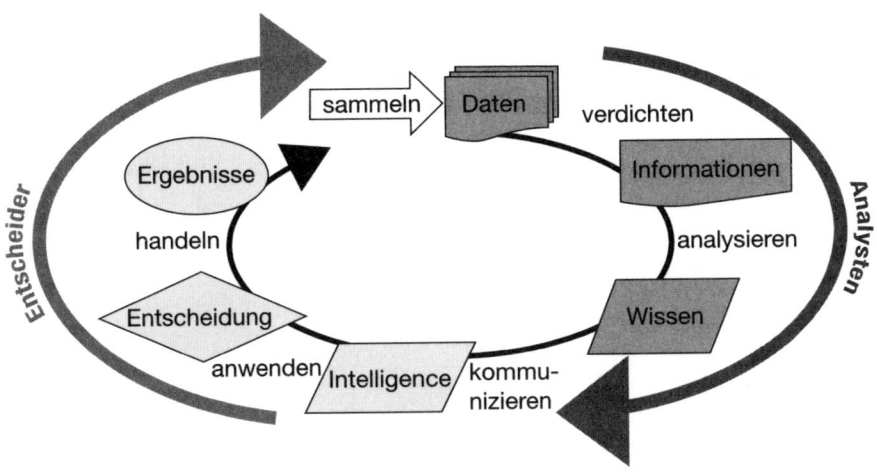

strukturiert und in Informationen verdichtet. Kundeninformationen sind hier bewertete Kundendaten, die in der Regel im Haus bereits vorhanden sind oder durch empirische Untersuchungen, zum Beispiel bei Neuprodukteinführungen, erhoben werden müssen. Diese Informationen werden nun analysiert hinsichtlich Wichtigkeit und Dringlichkeit und anschließend in anwendbares Wissen über die wahren Beweggründe, Motive und Einstellungen von Kunden verwandelt. Kommuniziert wird dieses Wissen den eigenen Außendienstmitarbeitern, Key-Account-Managern, vertriebserfahrenen Führungskräften und Marketingspezialisten, wodurch die so genannte Intelligence entsteht. Denn nur durch den Austausch und die gemeinschaftliche Bewertung im Fokus der Kommunikations- und Marketingziele des Unternehmens wird ein Wert generiert. Nichtkommuniziertes Wissen in einzelnen Köpfen ist für die ganzheitliche Kundenorientierung uninteressant. Die Intelligence beinhaltet damit anwendbares Kundenwissen, welches die eigentliche Basis für Kundenstrategien bildet. Insgesamt wird also aus vielen einzelnen kundenspezifischen Puzzlesteinen ein großes Ganzes entstehen, das einen Überblick zu einem bestimmten Kundenkreis liefert und damit einen wesentlich erweiterten Erkenntnisstand aufzeigt. Die vorletzte Stufe behandelt dann die Entscheidungsfindung hinsichtlich strategischer Verhaltenspläne und operativer Aktionen. Das Ergebnis, beispielsweise Erfolg oder Nichterfolg durch Beauftragung oder Ablehnung, dokumentiert die Tragfähigkeit des

Konzepts. Untersuchungen haben ergeben, das Unternehmen, die dem Intelligence-Prozess folgen, nachweislich erfolgreicher sind als solche, die ihn nicht anwenden.

Customer-Intelligence, im Folgenden mit CI abgekürzt, besitzt in der Anwendung einen prozesshaften Charakter. Der so genannte CI-Prozess untergliedert sich in die beiden Hauptphasen Analyse und Entscheidung, die in einem interdependenten Verhältnis zueinander stehen. Der CI-Prozess beginnt mit der Datengewinnungsphase und endet mit dem Ergebnis-Controlling. Die Erkenntnisse des Ergebnis-Controllings werden anschließend in der erneut beginnenden Analysephase verwendet.

Die beiden Hauptphasen Analyse und Entscheidung werden von verschiedenen Personengruppen durchgeführt. Zunächst wird entsprechend den Bedürfnissen der Entscheider kundengerichtetes Wissen durch die Analysten generiert. Dieses Wissen wird im Anschluss an die Entscheider kommuniziert und für die Strategieableitung genutzt.

Eine besondere Bedeutung im Rahmen des CI-Prozesses kommt einer engen Zusammenarbeit zwischen den Analysten und den Entscheidern zu, um die Gefahr eines späteren »information overload« der Entscheider zu verringern. Am Ende des Prozesses steht ein Wissenszuwachs in der Organisation über den Kunden. Es sei an dieser Stelle anzumerken, dass der CI-Prozess in der Praxis nicht Phase für Phase, sondern zeitgleich und in verschiedenen Prozessschichten durchgeführt wird.

Zum Abschluss der Planungsphase erfolgt das CI-Briefing. Durch dieses werden alle Anforderungen und Rahmenbedingungen für die Durchführung des CI-Prozesses festgehalten und an die zuständigen Mitarbeiter übermittelt. Das CI-Briefing kann als Schwachpunkt der Planungsphase gesehen werden. Zum einen besteht die Gefahr, dass den für die Analyse Verantwortlichen die notwendigen Fähigkeiten zur Feststellung der Informationsbedürfnisse der Intelligence-Empfänger fehlen. Zum anderen sind die Anwender der zu generierenden Intelligence mitunter nicht in der Lage, ihre Informationsbedürfnisse genau zu definieren.

Datensammlung

Die Phase der Datensammlung kann als einer der entscheidenden Faktoren für den CI-Prozess angesehen werden, da die Qualität des später generierten Wissens und der damit verbundenen Entscheidungen zu einem hohen Maß von der Qualität und Quantität der in dieser Phase gesammelten Daten abhängt.

Zu Beginn der Datensammlung erfolgt die Identifikation und Selektion geeigneter Datenquellen. Hier lassen sich zunächst zwei für die Anwendung von Customer-Intelligence relevante Unterscheidungen in Human-Source-Intelligence (HUMINT) und Open-Source-Intelligence vornehmen.

Als Human-Source-Intelligence werden menschliche Datenquellen bezeichnet. Der Begriff bezieht sich auf Innen- und insbesondere Außendienstmitarbeiter des Unternehmens sowie die Kunden selbst. Aufgrund des potenziell großen abschöpfbaren Wissens und der Referenzmöglichkeiten zu anderen Quellen stellen menschliche Quellen einen Schwerpunkt bei der Datensammlung dar.

Dem Personalbereich des Unternehmens, als Schnittstelle zu den Mitarbeitern, kommt hierbei eine große Bedeutung zu, da das Wissen der Mitarbeiter in der Regel schon ausreichend ist, um circa 80 Prozent der für den CI-Prozess benötigten Daten zu erhalten. Da dieser Sachverhalt in der Praxis jedoch nicht ausreichend bekannt ist, wird er selten berücksichtigt. Häufig geht die Informationsweitergabe in diesem Zusammenhang nicht über ein beiläufiges Gespräch zwischen Kollegen hinaus und erreicht so in den wenigsten Fällen die Entscheider als Empfänger des CI-Ergebnisses.

Open-Source-Intelligence beinhaltet alle Informationen, die über öffentliche Quellen wie etwa Zeitungen, Datenbanken oder Internetseiten verfügbar sind. Sie stellt häufig den Startpunkt der Datensammlung dar und verweist oftmals auf weitere Quellen im Bereich der Human-Source-Intelligence.

Der Nachteil von Open-Source-Intelligence besteht darin, dass vorwiegend nur auf Daten zugegriffen werden kann, die im Vorfeld von den Wettbewerbern freigegeben worden sind. In der Regel lassen diese keine Rückschlüsse auf die zukünftigen Pläne des Kunden zu. Quellen aus dem Bereich der Human-Source-Intelligence sind daher nach Möglichkeit jenen aus dem Bereich der Open-Source-Intelligence vorzuziehen.

Datenquellen lassen sich ferner, in Analogie zu anderen Forschungstypen, in Primärquellen und Sekundärquellen unterteilen. Unter Primärquellen werden Quellen verstanden, aus denen Daten aus »erster Hand« gewonnen werden können. Sekundärquellen hingegen bezeichnen Quellen, die bereits veränderte beziehungsweise teilweise interpretierte Daten enthalten. Die formale Unterscheidung in primär und sekundär erfolgt dabei ohne eine Bewertung der Datenqualität, wobei Sekundärdaten durch eine bereits erfolgte Analyse und Interpretation unter Umständen sogar einen wertvolleren Beitrag für den CI-Prozess darstellen können.

Des Weiteren findet eine Segmentierung der Datenquellen in interne und externe Quellen statt. Externe Quellen können dabei wiederum in durch den Außendienst oder durch Dritte gewonnene Daten unterteilt werden. Unter Dritten können etwa Kunden, Medien oder Lieferanten verstanden werden.

Die genaue Auswahl der Datenquellen erfolgt bei der Anwendung von Customer-Intelligence in Abhängigkeit von den Anforderungen des CI-Projektes. Als optimal wird eine Kombination von Daten aus verschiedenen Quellenarten erachtet.

Als bedeutende Quelle ist der Kunde selbst zu nennen, da von diesem bei wichtigen Ereignissen stets in irgendeiner Form Signale ausgehen, die als Daten in den CI-Prozess aufgenommen werden können.

Die in dieser Phase des CI-Prozesses gesammelten Daten können entweder »hart« oder »weich« sein. Als harte Daten werden Fakten, Statistiken und quantitative Informationen bezeichnet, die vollständig nachprüfbar sind. Im Gegensatz dazu bezeichnen weiche Daten Meinungen, Kommentare, Mutmaßungen, anekdotenhafte Hinweise und Gerüchte.

Frühzeitige und unsichere Informationen in Form von Gerüchten sind insbesondere bei der Frühaufklärung als Teilaufgabe von Customer-Intelligence sehr bedeutsam, da sie eine frühzeitige Abschätzung von zukünftigen Entwicklungen ermöglichen. Eine wichtige Voraussetzung für die Nutzung von Gerüchten als Datenquelle ist eine genaue Identifizierung der Gerüchtequelle, um die Qualität der erhobenen Daten bewerten zu können. Customer-Intelligence ist in der Lage, diese »weichen« Daten und Gerüchte bei der Generierung von Wissen zu berücksichtigen. Dieses Vorgehen sollte jedoch in einem angemessenen Verhältnis zu der Verwendung von nachprüfbaren Daten erfolgen.

Als zusätzliches Kriterium bei der Auswahl von Datenquellen kommt die vorausgehende Beurteilung ihrer Qualität hinzu. Eine Möglichkeit der Abschätzung der Datenquellenqualität stellt dabei die Betrachtung der allgemeinen Zuverlässigkeit der Quelle und des Zwecks dar, für den die Daten ursprünglich erstellt worden sind.

Wichtig bei der Auswahl der Datenquellen ist die Berücksichtigung der im Unternehmen für die Datensammlung vorhandenen Ressourcen. An dieser Stelle werden die Sammlungsfrequenz der Daten, die benötigte Tiefe, die verfügbare Arbeitskraft, die verfügbare Zeit sowie das finanzielle Budget berücksichtigt und die Ressourcen dementsprechend eingesetzt.

Informationsfilterung

In der Phase der Informationsfilterung werden die in der vorangegangenen Phase gewonnenen Daten selektiert, bewertet und verdichtet. Das Ziel der Informationsfilterung ist somit eine erste Reduzierung der Datenkomplexität und das Nutzbarmachen von Daten für den CI-Prozess.

Eine der Hauptaufgaben in dieser Phase besteht darin, die scheinbar in keiner Beziehung zueinander stehenden Bruchstücke von Fakten und Daten zu analysieren, zu interpretieren und anschließend zusammenzuführen. Die Durchführung der Informationsfilterung sollte sich an den in der Planungsphase festgelegten Bedürfnissen der späteren Entscheider orientieren.

In dieser Phase erfolgt des Weiteren auch eine Beurteilung der Qualität der zugrunde liegenden Daten. Die Prüfung der gesammelten Daten findet in den Bereichen Aktualität, Relevanz, Vergleichbarkeit, Vollständigkeit sowie Zuverlässigkeit statt.

Wissensgenerierung

In der Phase der Wissensgenerierung werden die verdichteten Informationen in anwendbares Wissen verwandelt. Hierzu werden unterschiedliche, teilweise auch im strategischen Management genutzte Analyseinstrumente angewendet, um aus den gewonnenen Informationen zukunftsgerichtetes qualitatives und quantitatives Wissen zu generieren, welches Aussagen über den Gesamtkontext des Unternehmens ermöglicht.

Besondere Erwähnung soll hier die SWOT-Analyse finden, die im Vergleich zu den übrigen Instrumenten als das für die Praxis relevanteste Analyseinstrument gesehen werden kann, da sie den Vergleich der eigenen

Stärken und Schwächen mit denen der Wettbewerber ermöglicht. In diesem Zusammenhang ist auch der unterstützende Einsatz von IT-Systemen in Erwägung zu ziehen, um die Erstellung von SWOT-Profilen zu erleichtern und zu beschleunigen.

Die während der Wissensgenerierung eingesetzten Analyseinstrumente sind derart anzuwenden, dass solches Wissen über das Wettbewerbsverhalten generiert wird, welches bei einer bloßen Betrachtung der einzelnen Informationen nicht abgeleitet werden könnte. Ziel ist somit die Beseitigung von Lücken in der Wissensbasis, weshalb diese Phase mitunter auch als das Kernstück des gesamten CI-Prozesses gesehen werden kann.

Wissenskommunikation/Reporting

Die Phase der Wissenskommunikation dient dem Zweck, das generierte Wissen an die Entscheidungsträger zu vermitteln. Zur effektiven Nutzung des generierten Wissens muss dieses den richtigen Empfängern, zur richtigen Zeit, im richtigen Format und entscheidungsunterstützend kommuniziert werden. In diesem Zusammenhang sollte die Art des Reportings auch an das Kommunikationsverhalten der Empfänger angepasst werden und dementsprechend eine Wahl zwischen postalischem Briefing, Intranet, mündlichen Präsentationen oder weiteren Formen getroffen werden.

Aus der technischen Sicht sollte das Reporting im besten Fall durch bereits im Unternehmen implementierte Vertriebsinformationssysteme und akzeptierte Kommunikationsstrukturen wie etwa ein Intranet oder ein E-Mail-System erfolgen. Hierdurch können unnötige Umstellungen für die Mitarbeiter vermieden und Kosten eingespart werden.

Die Phase der Wissenskommunikation kann als das schwächste Glied im CI-Prozess gesehen werden, da durch den zwischenmenschlichen Kommunikationsprozess und seine Rahmenbedingungen die Gefahr einer Störung besteht. Die Ursachen können in einer unterschiedlichen Mentalität von Analysten und Entscheidern, nicht beachteten Vertraulichkeitsregelungen, einer die Wissenskommunikation behindernden Unternehmenskultur, ungeklärten Sicherheitsfragen in Bezug auf die Berechtigung der Entscheider für den Empfang des Wissens oder bei technischen Problemen liegen.

Strategieableitung und Entscheidungsfindung

Der Begriff der Intelligence kann mit dem deutschen Begriff der »Intelligenz« nicht angemessen übersetzt werden, sondern bezeichnet vielmehr die Fähigkeit, sich in komplexen Situationen rasch zurechtzufinden und entsprechende Strategien abzuleiten. Weiterführende Definitionen betrachten Intelligence als die auf das Handeln des Unternehmens bezogene Nutzung des generierten Wissens.

Die Strategieableitung in der Intelligence-Phase auf der Grundlage des im CI-Prozess generierten Wissens ermöglicht es dem Unternehmen infolgedessen, sich in seinem gesamten Produkt- und Leistungsspektrum sowie in seinem Verhalten am Markt deutlich vom Wettbewerb abzugrenzen, da die Entscheider zu proaktivem Handeln befähigt werden.

Grundsätzlich sollte die Auswahl der Marketingstrategie in Abhängigkeit von den Stärken und Schwächen des Unternehmens, den Einstellungen der Führungskräfte, den externen Chancen und Risiken sowie den Erwartungen der gesellschaftlichen Umwelt erfolgen. Zur Abstimmung der Strategieableitung mit diesen internen und externen Faktoren dient das durch den CI-Prozess gewonnene Wissen.

Abhängig von der Strategieableitung wird die Entscheidung getroffen, entweder die bestehende Strategie beizubehalten, sie anzupassen oder durch eine alternative und effektivere Strategie zu ersetzen.

Entscheidungsumsetzung

In der Phase der Entscheidungsumsetzung erfolgt zunächst eine Make-or-buy-Entscheidung, da die beschlossenen Maßnahmen in der Regel sowohl intern als auch extern umgesetzt werden können.

Bei einer internen Umsetzung erfolgt eine Kommunikation der beschlossenen Maßnahmen in Form eines Briefings an die hierfür verantwortlichen Stellen im Unternehmen. Dafür können die bereits im Rahmen des CI-Prozesses verankerten Kommunikationswege genutzt werden.

Entscheidet sich das Unternehmen für die Umsetzung der Maßnahmen durch Outsourcing, so erfolgt in dieser Phase das Briefing der entsprechenden externen Dienstleister.

Ergebnis-Controlling

Wie alle anderen betrieblichen Prozesse sollte auch Customer-Intelligence einem permanenten Ergebnis-Controlling unterliegen, um eine wirksame Steuerung und Kontrolle des Prozesses zu ermöglichen. Besondere Bedeutung erfährt das Controlling durch die meist arbeitsteilige Durchführung von Customer-Intelligence mit der Einbeziehung verschiedener Unternehmensbereiche.

Neben der Prozesssteuerung besteht die zentrale Aufgabe des Ergebnis-Controllings in der Beantwortung der Fragestellung, inwiefern durch das Ergebnis des CI-Prozesses die festgelegten Informationsbedürfnisse befriedigt werden konnten und die daraus gewonnenen Strategien einen Nutzen für das Unternehmen darstellen.

Das Controlling findet bislang vorwiegend durch das Feedback der Entscheidungsträger als Wissensempfänger statt, da eine Verbesserung des CI-Prozesses und damit des generierten Wissens zu einem Großteil mittels der regelmäßigen Beurteilung durch die internen Empfänger respektive CI-Anwender ermöglicht werden kann. Hierbei wird insbesondere geprüft, inwiefern das Wissen in der Entscheidungsfindung benutzt wurde und dadurch eine Verbesserung der Wettbewerbssituation eingetreten ist. Das Feedback sollte permanent und nicht anonym erfolgen, um den CI-Prozess an den entscheidenden Stellen und für die richtigen Personen verbessern zu können. Für die Durchführung dieses Feedbacks bietet sich die Implementierung eines software-basierten Feedback-Portals im Intranet an. Durch die Abbildung im Intranet können etwa auch automatisierte Berichte darüber erstellt werden, welches Wissen wie oft und von welchen Entscheidern abgerufen wird.

Das CI-Konzept bietet als Weiterentwicklung der Kundenbeobachtung gegenüber den traditionellen Ansätzen eine umfassendere Kundenorientierung. Als wesentliche Verbesserungen sind zum einen der integrierte prozessorientierte Ansatz gegenüber den vorherigen zeitpunktbezogenen Ansätzen und zum anderen die Implementierung von Controlling-Instrumenten in den Prozess der Kundenanalysebeobachtung zu nennen. Des Weiteren ermöglicht es Customer-Intelligence im Gegensatz zur traditionellen Kundenforschung, neben der Gegenwartsorientierung eine Antizipation zukünftiger Entwicklungen durch eine strategische Frühaufklärung vorzunehmen, um diese für die Strategiefindung nutzbar zu machen.

Als Kritik an dem CI-Konzept kann genannt werden, dass zwar eine Planungsphase im CI-Prozess vorgesehen ist, jedoch umfassende Zielsysteme noch nicht im notwendigen Umfang implementiert sind. Weiterhin bestehen noch keine standardisierten Schnittstellen, um die Strategie- und Marketinginstrumente des Unternehmens zu steuern und zu kontrollieren.

Da ein Unternehmen mittels seiner Marketinginstrumente am Markt agiert und seine Wettbewerbsstrategie mit diesen umsetzt, sollte das Konzept der Customer-Intelligence infolgedessen um eine Steuerungsfähigkeit für das Marketing und eine enge Verbindung mit diesem erweitert werden.

Zusammenfassung und Fazit

Die Identifizierung und Bildung verschiedener Kunden- beziehungsweise Zielgruppen ist Voraussetzung dafür, eine zielgruppenspezifische Analyse des Kundenstamms vornehmen zu können. Hierzu werden Informationen sowohl aus dem betrieblichen Rechnungswesen als auch aus der Marktforschung zurate gezogen. Die Analyse entscheidungsrelevanter Daten ist unbedingt notwendig, um Strategien für die Zukunft abzuleiten, mit deren Hilfe letztendlich das Unternehmensziel erreicht wird.

Abbildung 14: Einteilung der Instrumente

Instrument \ Phasen	Kunden verstehen	Kunden gewinnen	Kunden begeistern
ABC-Analyse	++	++	
Kundenlebenszyklus	+++	++	+
Customer-Lifetime-Value	+++	++	+
Kundenportfolio	++	+++	
Customer-Intelligence	+++	+++	+++

Einen zusammenfassenden Überblick vermittelt Abbildung 14, welche die dargestellten Analysetechniken den verschiedenen Bereichen innerhalb der Kundenorientierung zuordnet.

Wählen Sie Ihre Kunden sinnvoll aus

In diesem Abschnitt werden folgende Themen behandelt:

▶ Beurteilung anhand von Unternehmenszielen
▶ Zielgruppenbildung
▶ Segmentierungskriterien

Zentrales Merkmal von Marketingzielen ist ihr festgelegter Segmentbezug. Es muss demnach zwingend abgegrenzt werden, für welche Märkte, Teilmärkte und Zielgruppen die einzelnen Ziele gelten sollen. Grundsätzlich lassen sich die Zielgruppen für kommunikative Ziele und Maßnahmen nach der vertikalen (zum Beispiel Konsumenten, Einzelhandel, Großhandel), horizontalen (etwa Käufer, Verwender, Meinungsführer) sowie der personalen Zielsetzung (zum Beispiel Hausfrauen zwischen 20 und 40 Jahren) differenzieren.

Eine Auswahl nach den Zielsegmenten ist notwendig, da es für ein Unternehmen nicht realisierbar ist, alle Marktsegmente ökonomisch zu bearbeiten. Nach der Identifizierung der verschiedenen Marktsegmente erfolgt die Auswahl der Zielsegmente. Diese sollte sich eng an den Unternehmenszielen orientieren. Hierzu ist eine Bewertung der Segmente notwendig.

Welche Zielsetzungen dienen der Beurteilung?

Der Kern der Marktanalyse beschäftigt sich mit den Kunden beziehungsweise der potenziellen Zielgruppe. Folgende Fragen bieten sich zur Kundenanalyse an:

- Wer kauft das Produkt?
- Wo und wie kauft der Kunde das Produkt?
- Warum kauft er das Produkt?

Nachdem Sie diese Ausprägungen identifiziert haben, besitzen Sie die Möglichkeit, gezielt auf diejenigen Kundengruppen einzugehen, die am ehesten Ihren Geschäftszielen entsprechen. Dadurch steigern Sie die Zufriedenheit Ihrer Kunden und erhöhen deren Kundenbindung an Ihr Unternehmen. Die Idealsituation gestaltet sich wie folgt:

Sie kennen Ihre Kunden beim Namen und erforschen deren Vorlieben bei der Vorbereitung zum Kauf sowie bei der eigentlichen Kaufaktion. Ihr Ziel sollte also lauten: »Gewinn durch zufriedene Kunden.«

Im Rahmen der Unternehmensführung sind klare Zielvorgaben unerlässlich. Das Finden von Lösungsalternativen und das Treffen von Entscheidungen wird ohne Zielsetzung erschwert, die Relevanz von Informationen kann nicht erkannt werden. Eine aktive Gestaltung der Ziele ist daher im Wesentlichen verantwortlich für den Geschäftserfolg. An oberster Stelle stehen die strategischen Unternehmensziele, die Umsetzung des eigentlichen Unternehmenszwecks, der so genannten Mission. Dies bildet die Grundlage für die operationalen Zielsetzungen, die der Erfüllung der obersten Zielebene dienen.

Zielgruppenbildung und geeignete Auswahltechniken

Zielgruppen lassen sich nach unterschiedlichen Kriterien bilden. Hierzu zählen persönliche, geografische, zeitliche und psychografische Kriterien. Zu den personenbedingten Determinanten zählen soziodemografische Merkmale wie beispielsweise Altersgruppen, Schulbildung, Familienstand und kulturelle Verankerungen.

Die Art der Marktbearbeitung ist sehr eng mit der Auswahl von Zielsegmenten verknüpft. Nachfolgend wird ein Instrumentarium zur Marktbearbeitung vorgestellt, das so genannte Abellschema. Abbildung 15 stellt eine mögliche Geschäftsfeldstrukturierung anhand eines Finanzdienstleisters dar.

Das Abellschema gilt als ein Instrument des strategischen Marketings.

Abbildung 15: Abellschema

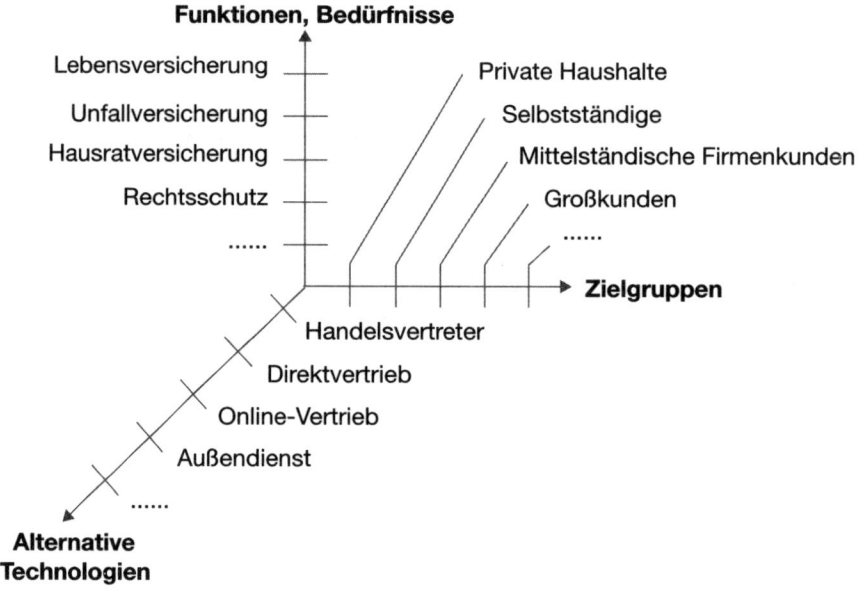

Mit seiner Unterstützung kann das Management die gegenwärtig erbrachten Leistungen analysieren. Zusätzlich zeigen sich strategische Entwicklungsmöglichkeiten, die sich an den Kundengruppen orientieren und dem Unternehmen Potenziale eröffnen. Damit stellt es ein Hilfsmittel für die gezielte Ideensuche dar.

Das Abellschema findet vor allem seinen Einsatz, um existierende Synergiepotenziale und Diversifikationsmöglichkeiten (neue Produkte in neuen Märkten) aus den vorhandenen Produkten mit ihren Zielgruppen abzuleiten. Dabei entstehen im Unternehmen vor dem Einsatz dieses Schemas folgende Fragen:

- Wer sind unsere vorhandenen und potenziellen Zielgruppen?
- Welche Bedürfnisse können wir bei diesen Zielgruppen mit unseren Angeboten erfüllen?
- Auf welche Art können wir diese Bedürfnisse befriedigen?

Die daraus resultierenden Antworten werden, wie in Abbildung 15 dargestellt, auf einem dreidimensionalen Koordinatensystem (x-, y- und z-Achse) als Beschriftung eingetragen. Es ist nun möglich, die aktuelle Leis-

Abbildung 16: Zielpersonen im Haushalt

Zielgruppe	Beschreibung
Single-Haushalte	Zum Beispiel Studenten, Allein-stehende in allen Altersklassen und Einkommensklassen
Familien mit ein oder zwei Kindern	Ein Haushalt, einfaches oder doppel-tes Einkommen, meist eine erwerbs-tätige Person. Wenig Zeit und gering-fügige Möglichkeiten für Investitionen
Großfamilien	Ein oder mehrere Haushalte mit mehreren Generationen in allen Alters-klassen
DINKS (Double-Income-No-Kids)	Ein Haushalt, doppeltes Einkommen und keine Kinder. Viel Zeit und Geld zum Leben
WOOPIES (Well-off-older-persons)	Ruheständler unter 75 Jahren mit mindestens 2 000 Euro Haushalts-nettoeinkommen. Nicht nur reich an Erfahrung, ist die heutige Best-Age-Generation besonders gut situiert

tungspalette des Unternehmens in dem abgebildeten Raum einzutragen. Sollten hierbei zwischen belegten Feldern Leerstellen entstehen, weist dies meist auf ein mögliches Absatzpotenzial hin. Die Gliederung der Ziel-gruppen kann dabei als Ausgangspunkt gewählt werden. Ein Vorteil dieser Darstellung ist, dass sie dem Unternehmen hilft, Konkurrenzangebote auf breiter Basis abzubilden und neue Angebotsleistungen zu erkennen.

Eine Strukturierung von Zielgruppen nach Haushaltsform ist in Ab-bildung 16 dargestellt.

Nachdem Sie sich entschieden haben, welche Personengruppe im Haushalt Sie erreichen wollen, müssen Sie eine Strategie entwickeln, in welchem Umfang Sie die Gruppe analysieren möchten. Sie können ver-schiedene Verfahren einsetzen, um die entsprechenden Zielpersonen und ihre Neigungen und Wünsche kennen zu lernen, etwa Telefoninterviews, persönliche Interviews, postalisch zugestellte Fragebögen oder Panel-Ver-fahren.

Erfahrungsgemäß wird es in keinem Fall eine hundertprozentige Rücklaufquote aller zugestellten Befragungsunterlagen geben. Neben den Zielpersonen im Haushalt lassen sich auch solche im Buying-Center identifizieren. In vielen Großbetrieben wird der Einkauf zentralisiert. Nicht jede einzelne Abteilung kümmert sich um das notwendige Verbrauchsmaterial, sondern delegiert dies an eine zentrale Stelle. Ziel ist es, unnötige Verwaltungskosten einzusparen und generierte Mengenrabatte auszunutzen. Bei Verkauf von Waren an ein Buying-Center muss das Marketing auf diesen Umstand eingehen.

In einem Buying-Center finden sich Buyer (die eigentlichen Einkäufer), User (die Benutzer), Decider (die eigentlichen Entscheider), Gate-Keeper (Informationsselektierer) und Influencer (Beeinflusser). Bei diesem sehr differenzierten Gebilde müssen die verschiedenen Funktionalitäten nicht unbedingt verschiedenen Personen zugeordnet sein.

Gute Kunden, schlechte Kunden

Bei der Segmentierung stehen die zahlungskräftigen und produktaffinen Kunden im Mittelpunkt des Interesses. Die Bedienung aller Kunden mit den gleichen Marketinginstrumenten ist nicht von Vorteil. Vor diesem Hintergrund müssen die richtigen Kunden ausgewählt und entsprechend zielgerichtet bedient werden. Eine Zielgruppenplanung dient der Vermeidung von Streuverlusten. Je genauer die Zielgruppe abgegrenzt werden kann, desto gezielter kann auch deren Ansprache erfolgen. So versucht beispielsweise die Biermarke *Jever*, Kunden im Fernsehen nach 22 Uhr anzusprechen, die bis zu diesem Zeitpunkt beruflich engagiert waren. Die Zielgruppe kann beschrieben werden als: männlich, beschäftigt in einem Dienstleistungsunternehmen, zum Beispiel als Banker, Broker oder Consultant, und in der Altersgruppe zwischen 25 und 45 Jahren.

Einem Diskothekenbetreiber ist sicherlich nicht daran gelegen, tanzende Gäste anzuziehen, die lediglich mit dem Eintritt Umsatz bringen. Dieser Situation kann durch die Einführung eines Mindestverzehrs vorgebeugt werden. Gute Kunden sind für den Betreiber diejenigen, die nicht nur ein Getränk am Abend bestellen, sondern auch einmal zu einer Flasche Sekt einladen. Bei Diskotheken ist ein besonderer Wandel dahingehend zu beobachten, dass verstärkt Kunden nach Alter segmentiert werden, wobei der Fokus auf die oberen Altersgruppen gerichtet wird. Man versucht, die älteren und zahlungskräftigen Kunden vom jungen Publikum zu trennen. Die so genannten 30-plus- oder 40-plus-Partys etwa erfreuen sich bei Gästen und Betreibern zunehmender Beliebtheit.

Kundensegmentierung bedeutet die Aufteilung eines Gesamtmarkts in gewisse Teilmärkte. Hierbei werden intern homogene und extern heterogene Kundengruppen unterschieden. Im Anschluss können je nach Bedarf einzelne oder mehrere Segmente bearbeitet werden. Zur Einteilung werden vor allem qualitative Kriterien (zum Beispiel Alter, Einkommen) angewendet, die schon seit längerem zur Segmentierung eingesetzt werden und heute in der Praxis weit verbreitet sind. Die Aufgaben der Kundensegmentierung liegen in erster Linie in der Identifikation der Kunden, der Abgrenzung des relevanten Gesamtmarkts, dem Auffinden vernachlässigter Teilmärkte und der besseren Befriedigung von Kundenbedürfnissen. Dabei sollten Sie beachten, dass keine Kannibalisierungseffekte innerhalb eigener Marken auftreten.

Folgende Aspekte sind bei der Segmentierung zu berücksichtigen:

- Trennschärfe: Es sollte für jede Person aus der Grundgesamtheit klar sein, ob sie zur Zielgruppe gehört oder nicht.
- Auffindbarkeit: Die Zielgruppenbeschreibung sollte so sein, dass die Zielpersonen mit diesen Eigenschaften auch tatsächlich angesprochen werden.
- Erreichbarkeit: Die Zielpersonen müssen mit Marketing und Kommunikationsmaßnahmen auch erreicht werden können.
- Homogenität: Die Zielgruppen sollten möglichst homogen sein, das heißt die in einer Zielgruppe zusammengefassten Personen sollten sich bezüglich der als relevant erachteten Merkmale möglichst wenig unterscheiden.

Im Folgenden werden die wesentlichen Segmentierungskriterien vorgestellt sowie deren Bedeutung und Einsetzbarkeit für die Kundensegmentierung erläutert. Es kann unterteilt werden in:

- geografische Segmentierungskriterien,
- soziodemografische Segmentierungskriterien,
- Segmentierung nach dem Lebenszykluskonzept,
- Segmentierungskriterien des beobachtbaren Kaufverhaltens,

- psychografische Segmentierungskriterien,
- Segmentierung nach der Risikopräferenz.

Geografische Segmentierungskriterien

Segmentierungskriterien geografischer Natur teilen Märkte in Städte, Länder, Gemeinden, Verwaltungsregionen oder vergleichbare Gebiete ein. Allerdings beschränken sie sich nicht auf die Geografie, sondern lassen sich auch in eine Reihe weiterer Merkmale wie Sprache, Religion oder Kultur einteilen. Ein Spezialansatz innerhalb der geografischen Segmentierung ist die mikrogeografische Segmentierung. Basis dieses Ansatzes ist, dass sich Menschen mit ähnlichen Lebensstilen und Konsumgewohnheiten oftmals an bestimmten Wohngebieten konzentrieren. Für die Bildung von Typologien bezüglich Wohngebiet und Region werden neben geografischen Merkmalen auch demografische, infrastrukturelle, psychografische und steuerliche Umstände berücksichtigt. Durch die Analyse dieser Typologien wird versucht herauszufinden, welche Struktur Kundenbedürfnissen und Kundenverhalten zugrunde liegt. Da diese Daten in der Regel sehr einfach zu beschaffen sind, werden sie vor allem in der Konsumgüterindustrie eingesetzt. Ein in der Praxis weit verbreiteter Ansatz ist die Segmentierung nach Märkten und Kunden.

Erste Basisdaten für mögliche Unterschiede im Kundenverhalten werden zwar von den geografischen Segmentierungskriterien geliefert, allerdings geben sie nur einen eingeschränkten Einblick darüber, inwiefern die Instrumente des ALPEN-Mix sowohl operativ als auch strategisch eingesetzt werden müssen. Durch den Einsatz mehrerer unterschiedlicher Kriterien ist der mikrogeografische Segmentierungsansatz deutlich aussagefähiger, beispielsweise erleichtern Informationen über die Bausubstanz oder die Bevölkerungsdichte die Segmentierung in einem Wohnviertel.

Soziodemografische Segmentierungskriterien

Bei der Untersuchung nach soziodemografischen Segmentierungskriterien werden Merkmale wie Alter, Geschlecht oder Familienstand zugrunde gelegt. Diese Kriterien sind sowohl praxisfreundlich als auch leicht anwendbar. Zudem geben sie einen ersten Einblick in das Kaufverhalten der Konsumenten. Jedoch sagen soziodemografische Segmentierungskriterien ohne die Einbeziehung weiterer Kriterien eher wenig aus. Daher werden auch sozioökonomische Kriterien, wie beispielsweise der Schulabschluss oder das Einkommen, herangezogen. Das Merkmal Einkommen gehört im Banken- und Versicherungssektor zu den am häufigsten verwendeten Segmentierungskriterien. Es wird davon ausgegangen, dass Kunden in der gleichen Einkommensklasse und mit bestimmten Vermögensverhältnissen ähnliche Bedürfnisse haben. Abbildung 17 zeigt die soziodemografischen Segmentierungskriterien.

Segmentierung nach dem Lebenszykluskonzept

Bei der Anwendung von Lebenszykluskonzepten geht man von der Annahme aus, dass das zu untersuchende Objekt eine begrenzte Lebensdauer besitzt und während seines Lebens bestimmte Phasen durchläuft.

Das Lebenszyklusmodell, auch Product-Life-Cycle (PLC) genannt, beschreibt den allgemeinen Werdegang eines Produkts am Markt. Produkte »werden geboren, wachsen, werden alt und sterben«. Einflüsse auf diesen Verlauf können beispielsweise Änderungen der Nachfrage oder technischer Fortschritt sein. Der PLC besteht aus sieben unterschiedlichen Lebensphasen, die sich durch verschiedene Umsatz- und Gewinnentwicklungen voneinander abgrenzen. Der Verlauf des Lebenszyklus ähnelt einem »S«. Daher ist oftmals die Rede von einem ertragsgesetzlichen S-förmigen Verlauf.

Entwicklungsphase

Die Entwicklungsphase beschreibt den Zeitraum von der Idee bis zur Markteinführung des Produkts. Kennzeichnend für diese Phase sind hohe Kosten (vor allem in Forschung und Entwicklung), denen allerdings keine Umsätze gegenüberstehen.

Einführungsphase

Zu Beginn einer Produkteinführung ist der Erfolg ungewiss. Neugierige kaufen und testen das Produkt. Die Ziele in der Einführungsphase sind

Abbildung 17: Soziodemografische Segmentierungskriterien

Soziodemografische Segmentierungskriterien	
Demografische Kriterien	**Sozioökonomische Kriterien**
Alter	Staatsangehörigkeit
Geschlecht	Schulabschluss
Familienstand	Ausbildung
Haushaltsgröße	Einkommen
Anzahl und Alter der Kinder	Beruf

Wachstum, Prestige und Sicherheit. Die Produkte sind häufig standardisiert, und es mangelt an Produktvarianten. Bereits jetzt entscheidet sich, ob die ursprüngliche Produktidee in ein wirtschaftlich erfolgreiches Produkt umgesetzt werden kann. Falls dies nicht der Fall ist, kann sich der Hersteller entweder für eine Optimierung oder Umorientierung der Produkteigenschaften entscheiden oder bei zu hohem Risiko seine Geschäftsidee zurückziehen. Schließlich werden bei einer Markteinführung sehr hohe Investitionen in Werbung und Verkaufsförderungsmaßnahmen getätigt. Der Umsatz wächst in der Einführungsphase überproportional, obwohl das Produkt bis zur Gewinnschwelle Verluste erwirtschaftet, deren Ausmaß von der jeweiligen Preisstrategie abhängt. Hierzu werden zwei Ansätze unterschieden, zum einen das Skimming und zum anderen die Penetration. Ersteres bedeutet, dass ein Produkt mit einem sehr hohen Preis auf dem Markt erscheint und erst mit Ablauf der Zeit günstiger wird. Beispielsweise betrug der Kaufpreis von Digitalkameras mit 3 Megapixeln im Herbst 2004 rund 300 Euro, wohingegen 2006 für eine technisch weiterentwickelte 5-Megapixel-Kamera nur noch in etwa ein Drittel des ursprünglichen Kaufpreises verlangt wurde. Die Penetrationsstrategie zielt zunächst auf eine Massenansprache mit niedrigen Preisen ab und wird sie bei gegebener Situation erhöhen. Zum Beispiel hatte die noch weniger bekannte Fernsehzeitschrift *TV direkt* zur Steigerung ihres Marktanteils im März 2006 einen Kaufpreis von 1,00 Euro im Vergleich zur etablierten *TV Spielfilm* (Kaufpreis 2,90 Euro).

Um den Konsumenten vom Nutzen eines Kaufs zu überzeugen, wird er beim persönlichen Verkauf beraten. Ein Distributionssystem wird aufgebaut, und Kooperationsstrategien im Handel werden eingeführt und gepflegt. Die Marketingschwerpunkte liegen eindeutig auf der Überwindung von Markteintrittsbarrieren, in der Analyse von Ist-Situationen am Markt, in der Gewinnung von Erstkäufern, im Aufbau des Bekanntheitsgrads und von Markentreue durch Wiederholungskäufe.

Wachstumsphase

Ist die Gewinnschwelle erreicht, beginnt die Wachstumsphase eines neuen Produkts. Die Ziele sind offensiv auf Wachstum und Gewinn von Marktanteilen ausgerichtet. Durch die Absatzpolitik der früheren Periode nimmt der Bekanntheitsgrad zu, und positive »Flüsterpropaganda« oder auch Tests und Berichte führen zu einem progressiven Gewinn- und Umsatzwachstum. Ein aktuelles Beispiel für ein Produkt, das sich in der Wachstumsphase befindet, ist der *iPod* von *Apple*, der sich immer größerer Beliebtheit erfreut. Die Markenprofilierung sorgt bei den Verbrauchern für eine Steigerung des psychologischen Produktnutzens, und die Preise orientieren sich nach und nach an denen des Wettbewerbs. Die Nutzenvorteile werden stärker kommuniziert und die Werbeaufwendungen erhöht. Wichtig ist die Sicherung der Lieferkapazität für eine intensive Distribution.

Die Marketingstrategien sind auf die Festigung der Marktpräferenzen, die Optimierung der Qualität und die Differenzierung der Produkte und Markenstrategien ausgerichtet. Am Ende dieser Phase verändert sich der progressive Verlauf des Umsatzwachstums in einen degressiven Verlauf. Dieser Wendepunkt kennzeichnet die höchste Umsatzrendite bei relativ geringen Werbekosten.

Reifephase

Das Produkt befindet sich über einen längeren Zeitraum am Markt, die Umsatzwachstumsraten sinken und die Umsatzrentabilität ist rückläufig. Ziele dieser Phase sind Rentabilität und Stabilisierung beziehungsweise Konsolidierung. Interessant an dieser Phase ist die steigende Vielfalt an Varianten, mit denen auf individuelle Kundenwünsche eingegangen werden kann. Die Marketingschwerpunkte werden verstärkt auf die Erhaltung der Markentreue, auf Marktsegmentierung, Qualitätsverbesserung und Imagesicherung gelegt.

Synergien müssen ausgenutzt und Systemkonzepte entwickelt werden. Die Preise nehmen eine eher untergeordnete Stellung ein, und es existiert keine enge Kopplung an Marktanteilsentwicklungen. Die Corporate Identity eines Unternehmens wird hinreichend nach außen getragen, auch beim persönlichen Verkauf. Das absolute Umsatzwachstum kommt allmählich zum Erliegen, und der Gewinn erreicht sein Maximum. Ein Beispiel für eine reife Marke ist der Möbelhersteller *IKEA*.

Sättigungsphase

Die Bedürfnisse der Kunden sind gesättigt. Folglich erreicht auch die Umsatzkurve ihr Maximum, und die Gewinne sinken. Diese Phase kann mit preispolitischen Maßnahmen künstlich verlängert werden. Angesichts von mittlerweile mehr als 70 Millionen verkaufter Handys zum Beispiel ist auf dem deutschen Mobilfunkmarkt allmählich eine Sättigung zu verzeichnen.

Degenerationsphase

Die Degenerationsphase steht für rückläufige Umsätze und Gewinne. Liefert das Produkt keinen Deckungsbeitrag mehr, sollte es vom Markt genommen werden, falls sich der Hersteller nicht für eine Wiederbelebung entscheidet.

Wiederbelebungsphase

Beim Relaunch wird das bestehende Angebot den veränderten Marktbedingungen angepasst und revitalisiert. Dies führt zu einer Verlängerung des Lebenszyklus. Im Grunde wird ein neues, verbessertes Produkt in den Markt eingeführt, das den Lebenszyklus in einer komprimierten Form noch einmal durchläuft. Zudem werden neue Distributionswege erschlossen.

Im Idealfall sind in einem Unternehmen Produkte in jeder Phase des Lebenszyklus vertreten, das heißt Verluste der einen werden mit den Gewinnen anderer Produkte ausgeglichen. Die Festlegung der Grenzen dieser einzelnen Phasen ist problematisch, da keine eindeutigen Abgrenzungskriterien vorhanden sind. Die Grenzen können oft erst nachträglich bestimmt werden.

Das Lebenszykluskonzept lässt sich auf eine Reihe anderer Bereiche übertragen, beispielhaft seien hier der Technologielebenszyklus, der Lebenszyklus von Organisationen oder der Branchenlebenszyklus genannt. Betrachten wir den Menschen in einem Lebenszyklus, so gehen wir davon aus, dass er bestimmte Lebensabschnitte durchläuft (etwa Jugend, Familiengründung, Alter), in denen sich seine Bedürfnisse und sein Verhalten verändern.

Der Grundgedanke dieses Segmentierungskriteriums ist auf den ersten Blick verständlich und einfach anwendbar. Zu berücksichtigen sind jedoch Variablen, die zum Teil spontan und nicht vorhersehbar sind, wie etwa Geburten, Todesfälle und damit verbundene Erbschaften, die das Verhalten eines Kunden mit einem Schlag verändern können. Auch zusätzliche Ereignisse wie Krankheit, Scheidung oder eine zeitliche Verschiebung des Lebenszyklus relativieren die Aussagekraft der Segmentierung nach dem Lebenszykluskonzept.

Segmentierungskriterien des beobachtbaren Kaufverhaltens

Segmentierungskriterien des beobachtbaren Kaufverhaltens zielen in erster Linie auf bestehende Kundenkontakte ab, da hierbei auf Daten zugegriffen wird, die der Vergangenheit zugrunde liegen. Eine diesbezügliche Auswertung des Kaufverhaltens liefert dennoch Hinweise auf mögliche Motive, Einstellungen und Bedürfnisse. Die Merkmale können in vier verschiedene Unterkriterien eingeteilt werden. Sie beziehen sich auf die Dienstleistung, die Kommunikation, den Preis und die Einkaufsstätten. Sie stellen die Wahl der Dienstleistungen, den Wert und die Nutzungsintensität in den Vordergrund.

Das Nachfrageverhalten kann beispielsweise anhand der Anlage- und Produktpräferenzen, des Transaktionsverhaltens, des Preisverhaltens und der Nutzung bestimmter Absatzkanäle durch die Kunden bestimmt werden. Derartige Daten können in hochentwickelten Datenbanken kostengünstig und auf einfache Weise zur Verfügung gestellt werden.

Psychografische Segmentierungskriterien

Personen können trotz ihrer Zugehörigkeit zu derselben demografischen Gruppe teilweise völlig unterschiedliche Kaufeinstellungen und Kaufmotive haben. Es besteht zwar keine einheitliche Auffassung darüber, welche Kriterien bei dieser Segmentierung berücksichtigt werden sollen, dennoch lässt sich eine Untergliederung in allgemeine Persönlichkeitsmerkmale und produktspezifische Merkmale vornehmen. Insbesondere die produktspezifischen Kriterien lassen konkrete Aussagen über das tatsächliche Konsumverhalten zu.

In diesem Zusammenhang spielen auch Vorlieben der Konsumenten eine große Rolle. Kaufabsichten können demnach als letzte Vorstufe zur eigentlichen Kaufhandlung angesehen werden.

Für das operationale Marketing ist diese Segmentierung von großer Bedeutung, da die Ergebnisse sowohl differenzierte Aussagen zum Kundenverhalten, zur Kundenmotivation und -einstellung sowie zu Bedürfnissen liefern. Allerdings ist zu beachten, dass diese Aussagen aufgrund von Umwelteinflüssen und sich ständig ändernden Bedürfnissen im Zeitlauf instabil sind.

Segmentierung nach der Risikopräferenz

Die Segmentierung nach der Risikopräferenz ist eine Untergruppe der psychografischen Segmentierungskriterien. Sie kann unter anderem nach den Kriterien Risikoneigung, Risikofähigkeit, der Wahrscheinlichkeit eines Desasters und dem Investmentstil vorgenommen werden.

Dabei lassen sich zwei wesentliche Gruppen von Segmentierungen erkennen. Zum einen wird nach der Risikopräferenz des Kunden und zum anderen nach dem Risiko der Produkte differenziert. Interessant für die hier skizzierte Fragestellung ist die Risikopräferenz des Kunden, die im Zeitverlauf relativen Schwankungen unterliegen kann und von der individuellen finanziellen Situation, dem Anlagezweck und von unterschiedlich attraktiven Anlagealternativen abhängt.

Zusammenfassung und Fazit

Das zielgruppenorientierte Marketing beabsichtigt, die verschiedenen marktbildenden Gruppen voneinander abzugrenzen und Produkte sowie

Abbildung 18: Psychografische Segmentierungskriterien

Psychografische Segmentierungskriterien	
Allgemeine Persönlichkeitsmerkmale	**Produktspezifische Merkmale**
Soziale Orientierung Risikofreudigkeit Allgemeine Einstellungen Lebensabschnittsphase	Spezifische Einstellung Motive Wahrnehmungen Präferenzen Kaufabsichten

Marketingprogramme zu entwickeln, die speziell auf den jeweiligen Zielmarkt ausgerichtet sind. Die meisten Anbieter wenden sich mittlerweile vom Massenmarketing und Produktvariantenmarketing ab, da die Orientierung nach Zielgruppen bessere Ansätze für die Ermittlung von Marktchancen und für die Entwicklung erfolgreicher Produkte und eines wirksamen Marketing-ALPEN-Mixes bietet.

Bedienen Sie Ihre Kunden zielgerichtet

In diesem Abschnitt werden folgende Themen behandelt:

- ▶ Unternehmenszielarten
- ▶ Die Ermittlung des Kundenwerts
- ▶ Die Erfolgswirksamkeit von Zielen
- ▶ Kundennutzen und Kundenvorteil

Warum sollten sich Unternehmen Ziele setzen? Ziele geben zum einen die Richtung für zukünftige Maßnahmen vor, zum anderen ermöglichen sie eine Überprüfung der verrichteten Arbeit oder Leistung. Sie dienen der langfristigen Existenzsicherung und stellen die Operationalisierung des Unternehmenszwecks (Mission) dar. Die Ziele eines kundenorientierten Unternehmens unterscheiden sich hierbei kaum von denen anderer Unternehmen. Dies betrifft sowohl ökonomische und psychografische als auch strategische und operative Kundenziele, wie aus Abbildung 19 ersichtlich wird.

Welchen Wert hat der Kunde für das Unternehmen?

Nicht jeder Kunde ist für das Unternehmen profitabel. Der Erfolg oder Misserfolg eines Unternehmens hängt in erster Linie davon ab, ob die Kunden mit den Produkten oder Dienstleistungen zufriedengestellt und vor allem begeistert werden. Langfristig gesehen sind es die Stammkunden, die den Gewinn bringen und die Existenz sichern.

Beispielsweise hat die Telefonnummer einer allseits bekannten Pizzeria einen enormen Wert, von dem ein neuer Besitzer profitieren kann, sofern er die Telefonnummer benutzen darf.

Abbildung 19: Unternehmenszielarten

In der Praxis kommt es häufig vor, dass Stammkunden abwandern, wenn ein Geschäft seinen Besitzer wechselt. Dies kann unter anderem daran liegen, dass der gewohnte Service vom neuen Anbieter nicht mehr geleistet wird oder der Stammkunde zu dem neuen Besitzer noch kein Vertrauensverhältnis aufgebaut hat.

Zur Ermittlung des Kundenwerts eignen sich verschiedene Verfahren:

- Customer-Lifetime-Value,
- Kundendeckungsbeitragsrechnung,
- ABC-Kundenanalyse,
- Scoring-Methode,
- Kundenportfolio.

Der Customer-Lifetime-Ansatz dient der Berechnung der Profitabilität eines Kunden in Form seines Kapitalwerts für mehrere verschiedene Perioden der Geschäftsbeziehung mit einem Unternehmen.

Bei der Kundendeckungsbeitragsrechnung werden Erlöse und Aufwendungen für jeden einzelnen Kunden gegenseitig aufgerechnet, um im Ergebnis die Überschüsse je Kundenbeziehung zu erhalten.

Bei der ABC-Kundenanalyse greift das Pareto-Prinzip. Die 20 Prozent umsatzstärksten Kunden werden als »A-Kunden« bezeichnet und sind für das Unternehmen die wichtigsten Kunden. Die 20 Prozent umsatzschwächsten »C-Kunden« haben langfristig keine große Bedeutung, während die restlichen »B-Kunden« das Potenzial des Unternehmens darstellen. Sie gilt es gezielt mit Marketingmaßnahmen anzusprechen, um aus ihnen »A-Kunden« zu machen.

Bei der Scoring-Methode werden alle Kundenaktionen mit positiven und negativen Punkten versehen und anschließend gewichtet. Der gewichtete Punktewert dient dann der Kundeneinteilung.

Ein Kundenportfolio bietet sich dann an, wenn Unternehmen ihre Kunden nach deren Potenzialen einteilen möchten, zum Beispiel in Starkunden, Ertragskunden, zukunftsungewisse Kunden und Mitnahmekunden.

All diese Verfahren haben ein gemeinsames Ziel. Sie verfolgen die Anwendung einer differenzierten Kundenbeziehungsstrategie, um der Kundenbehandlung nach dem Gießkannenprinzip entgegenzuwirken. Aus Kostengründen erhalten nur die profitabelsten Kunden weiterhin eine überdurchschnittliche Betreuung.

Zielsetzungen und deren Erfolgswirksamkeit

Auf Unternehmensebene kann vor allem zwischen strategischen und operativen Zielen unterschieden werden. Strategische Ziele gelten für die gesamte Firma, obwohl nicht jede Einheit des Unternehmens in gleicher Weise davon betroffen ist. Sie sind oftmals nicht konkret formuliert, sondern existieren eher auf einer abstrakten Ebene mit langfristiger Sichtweise.

Ein strategisches Ziel kann eine Vision oder Mission sein. Beispielsweise hat ein Unternehmen das strategische Ziel, innerhalb von zehn Jahren in seinem Segment Marktführer in Deutschland zu werden. Hier wird deutlich, dass sich strategische Ziele nicht genau in Geld- oder Mengeneinheiten ausdrücken lassen. Sie umfassen einen mittel- bis langfristigen Zeitraum, meist im Bereich zwischen fünf und zehn Jahren. Die Entwicklung von strategischen Zielen kann aus mehreren Quellen stammen:

- Visionen der Unternehmensleitung, die in Strategien umgesetzt werden.
- Ideen aus der Belegschaft, welche die Unternehmensleitung zu Strategien anregen und veranlassen.

- Externe Veränderungen im Umfeld oder Markt (zum Beispiel gesetzliche oder finanzielle Gründe) können zu Strategieanpassungen oder neuen Strategien führen.

Die Unternehmensleitung behält sich das Recht vor, über Strategien autonom zu entscheiden. Es existieren demnach klare Vorgaben von »oben«.

Im Unterschied dazu werden operative Ziele immer auf einer unteren Hierarchieebene festgelegt und betreffen immer Einzelpersonen beziehungsweise einzelne Abteilungen von Unternehmen. Zudem werden operative Ziele stark von den aktuellen Ereignissen beeinflusst. Sie sind den strategischen Zielen unterzuordnen, aber in ihrem Erreichungsgrad leichter messbar und deshalb einfacher zu steuern. In diesen Bereich sind die ökonomischen und außerökonomischen Ziele eingegliedert. Der zeitliche Horizont für operative Ziele umfasst in der Regel etwa ein Jahr.

Die operativen Ziele sind den strategischen Zielen untergeordnet. Ziele lassen sich demnach nach ihrer Dringlichkeit und Wichtigkeit in eine Rangordnung bringen. Innerhalb einer Zielhierarchie kann zwischen Ober-, Zwischen- und Unterzielen unterschieden werden.

Das Oberziel eines Unternehmens entspricht den strategischen Zielen beziehungsweise einem Unternehmensleitbild. Es dient in erster Linie der Unternehmenserhaltung und ist nur mithilfe von Zwischen- und Unterzielen erreichbar. Zwischen- und Unterziele werden im Rahmen der operativen Planung realisiert und lassen sich vom Oberziel ableiten. Zum Beispiel ist die Erlangung und Behauptung von Wettbewerbsvorteilen das oberste Ziel der Marketingabteilung als Zwischenziel der Zielhierarchie. Daraus leiten sich schließlich mehrere Unterziele, wie zum Beispiel Kundenzufriedenheit, Kundenloyalität, Marktanteile oder Marktwachstum ab.

Ein weiteres Kriterium bei der Untergliederung von Zielen ist die Fristigkeit. Man unterscheidet hier zwischen langfristigen, mittelfristigen und kurzfristigen Zielen. Im Rahmen der strategischen Planung wird von langfristigen Zielen ausgegangen. Diese umfassen einen Zeitraum von mehr als fünf Jahren. Liegt der Zeitraum zwischen einem und fünf Jahren, spricht man von mittelfristigen Zielen. Sie unterliegen der taktischen Planungsebene, welche auf der Abteilungsebene verläuft. Taktische Ziele dienen der Konkretisierung von strategischen Zielen für einen kürzeren Zeitraum. Ein Beispiel eines mittelfristigen Ziels ist die Entwicklung eines neuen und innovativen Produkts innerhalb der Produktlinie einer Marke

(*Persil Megaperls*). Kurzfristige Ziele umfassen in der Regel einen Zeitraum von weniger als einem Jahr. Sie werden innerhalb der operativen Planung realisiert und sind deshalb auch stark von aktuellen Geschehnissen geprägt.

Außerdem kann innerhalb der Fristigkeit zwischen statischen und dynamischen Zielen unterschieden werden. Statische Ziele unterliegen keiner zeitlichen Beschränkung, im Gegensatz zu dynamischen Zielen. Ein statisches Ziel ist zum Beispiel, die Kundenzufriedenheit an sich zu steigern. Dahingegen ist die Steigerung der Kundenzufriedenheit innerhalb von zwei Jahren ein dynamisches Ziel.

Die ökonomischen Zielsetzungen eines Unternehmens lassen sich anhand mehrerer wirtschaftlich messbarer Größen festmachen. Hierzu existiert eine Reihe von Beurteilungskriterien:

- Gewinn- und Rentabilitätsziele (Deckungsbeitrag, Return-on-Investment),
- Wachstumsziele (Umsatz-, Absatz-, Gewinnwachstum),
- Rationalisierungsziele (Nutzung von Synergieeffekten, Degressionseffekte),
- Kapazitätsauslastungsziele (Produktionskapazität, Marketingkapazität),
- Sicherheitsziele (Risikostreuung, langfristige Überlebenssicherung),
- Marktstellungsziele (Marktanteilssteigerung, Qualitätsverbesserung),
- Distributionsgrad, Marktdurchdringung.

Neben den ökonomischen Zielen eines Unternehmens spielen auch außerökonomische beziehungsweise psychografische Ziele eine Rolle. Diese Ziele beschäftigen sich mit der Verankerung im Bewusstsein des Kunden, etwa die Steigerung des Bekanntheitsgrads eines Produkts, einer Marke oder einer Dienstleistung.

Strahlt ein Unternehmen Kompetenz aus, erzeugt dies ein Vertrauensverhältnis beim Kunden. Im Gespräch mit den Mitarbeitern müssen die Kunden deren Kompetenz spüren, denn in diesem Moment ist der Mitarbeiter der alleinige Repräsentant seines Unternehmens. Insofern ist eine gute Mitarbeiterschulung notwendig.

Natürlich ist auch die Kundenzufriedenheit ein wichtiges Ziel. Stimmen die Erwartungen des Kunden mit dem tatsächlich Erreichten überein, so ist er zufrieden. Kundenzufriedenheit schafft Kundentreue sowie im Idealfall eine positive Mund-zu-Mund-Propaganda im sozialen Umfeld des Kunden. Besteht allerdings ein Diskrepanz zwischen den Erwartungen und dem tatsächlich Erreichten, ist der Kunde unzufrieden. Unzufriedenheit bedeutet für das betreffende Unternehmen zum einen ein Mehr an Aufwendungen für gelegentlich auftretende Regressansprüche, zum anderen insbesondere Opportunitätskosten im Sinne entgangener Erlöse, etwa wenn der Kunde zu einer anderen Marke wechselt. Es kann auch zu negativer Mund-zu-Mund-Propaganda kommen, das heißt die Unzufriedenheit des Kunden überträgt sich auf das soziale Umfeld. Allerdings ist nicht davon auszugehen, dass jede negative Erfahrung eine Kundenreaktion nach sich zieht. Es besteht dann aber die Gefahr, dass das Unternehmen das Ausbleiben von Kritik als Zustimmung missinterpretiert.

Auf der Kundenzufriedenheit baut die Kundenloyalität auf. Sie ist charakterisiert durch ein Vertrauensverhältnis, eine positive Einstellung und die Akzeptanz des Kunden. Die Loyalität zeigt sich in einer verringerten Wechselbereitschaft und der Absicht, bei der nächsten Gelegenheit wieder das gleiche Produkt auszuwählen.

Ziele lassen sich auch hinsichtlich des Grades der Formalisierung differenzieren. Es wird hierbei zwischen Formal- und Sachzielen unterschieden. Unter Formalzielen werden Erfolgs- und Finanzgrößen sowie Sozialziele innerhalb des Personalbereichs verstanden. Im Gegensatz dazu wird von einem Sachziel gesprochen, wenn Produkte oder Dienstleistungen bestimmter Art, Menge und Qualität zu einer bestimmten Zeit den Kunden zur Verfügung gestellt werden (zum Beispiel Einführung eines Kundenrabattsystems). Sachziele dienen der Realisierung von Formalzielen.

Kundennutzen und Kundenvorteil

Nachdem Kundenwünsche und Präferenzen hinreichend durch die Marktforschung ermittelt worden sind, ist der nächste Schritt die Kommunikation des persönlichen Nutzens des Kunden, der aus dem Kauf eines Produkts oder der Inanspruchnahme einer Dienstleistung resultiert. Dem Entscheider bietet sich die Auswahl und Kombination der folgenden Strategieansätze, der so genannten vier INs zum Aufbau einer Kundenbindung, an:

- Information: Kunden kennen lernen und verstehen;
- Individualisierung: Kunden individuell ansprechen;
- Interaktion: Kunden das Kauferlebnis gestalten lassen;
- Integration: Gemeinschaft der Kunden fördern.

Zusammenfassung und Fazit

Es ist von immenser Bedeutung, die Kunden zu binden und vom Wert der Produkte/Dienstleistungen zu überzeugen. Der Dienst am Kunden ist dabei im wahrsten Sinn des Wortes entscheidend. Zufriedene Kunden sind die Basis für zukünftige Erfolge. Durch gezieltes Abfragen mittels anonymer Fragebögen erreichen Unternehmen ein in der Regel ehrliches Feedback und können nach der Auswertung ihre Stärken ausbauen und ihre Schwächen minimieren.

Finden Sie den richtigen Weg zur Kundengewinnung

In diesem Abschnitt werden folgende Themen behandelt:

- ▶ Preisorientierung
- ▶ Qualitätsorientierung
- ▶ Serviceorientierung
- ▶ Vertriebsorientierung

Beim Kauf beziehungsweise Nichtkauf eines Produkts oder einer Dienstleistung spielen mehreren Faktoren eine Rolle. Abgesehen von der Vielfalt des Produktangebots und den jeweiligen Eigenschaften, die ein Gut mit sich bringen muss, kommt es auf den Kunden an, der sich für oder gegen etwas entscheidet. Ihn zu verstehen und seine Präferenzen zu kennen bedeutet, sein Kaufverhalten beeinflussen zu können. Es gibt verschiedene Möglichkeiten, den Kunden anzusprechen. Ansätze hierfür bieten grundsätzlich die Orientierung am Preis, an der Qualität, am Serviceangebot oder an den Vertriebswegen. Wichtig für die Erkennung des richtigen Wegs zur Kundengewinnung sind genaue Kenntnisse über die verschiedenen Kundenstrategien (Preis-, Qualitäts-, Service- und Vertriebsorientierung). Die drei ersten Ansätze bilden das so genannte strategische Dreieck. Es dient zur Ableitung der drei grundsätzlichen Kundenorientierungsverfahren.

Preis als Argument: »Geiz ist geil«

Der allseits bekannte Slogan von *Saturn* beschreibt die Käufermentalität einer ganzen Generation. Steigende Arbeitslosenzahlen, »Teuro« und fehlender konjunktureller Aufschwung setzen die Rahmenbedingungen dafür, dass der Geldbeutel des Konsumenten zunehmend auch beim alltäglichen Einkauf die Produktwahl bestimmt. Die Discounter führen eigene Handelsmarken in den Wettbewerb ein und erreichen damit Marktanteile bis zu 40 Prozent, beispielsweise im Bereich der Süßwaren oder im PC-Bereich. Wohin dieser Weg führt, ist noch unbekannt. Zunehmend werden auch Stimmen laut, die dieser Mentalität abschwören. Service und Qualität rücken bereits heute wieder mehr in den Vordergrund. Das Billigprinzip ist gut für den Geldbeutel, zumindest kurzfristig. Langfristig spielen aber auch andere Faktoren wie Vertrauen in Marken, Langlebigkeit und qualitative Merkmale vor dem Hintergrund von Umwelteinflüssen wie Schweinepest, Vogelgrippe oder dem »Gammelfleisch-Skandal« eine nicht unwesentliche Rolle. Für Frische und Qualität oder auch ökologische Sicherheit wird zunehmend wieder mehr bezahlt.

Dennoch führen gesellschaftliche Entwicklungen dazu, dass der Preis im Fokus steht. Hierzu zählen vor allem die Internationalisierung der Güterbeziehungen, die Entwicklungen der Informationsgesellschaft mit schnellem Datenaustausch im Internet, die Verlängerung und Flexibilisierung von Arbeitszeiten und die Globalisierung der Arbeitsmobilität. Dementsprechend werden Preise transparenter, vergleichbarer und als Maßstab austauschbarer.

Im Rahmen der Gestaltung eines sinnvollen Marketingkonzepts handelt es sich bei der Preisbestimmung um den Abgleich von Kosten und dem Kunden angebotenen Werten. Ein transparentes Beispiel für neue Entwicklungen in der Preisgestaltung bietet der Markt für Flugreisende. Bereits heute ist es möglich, innerhalb Europas für nur wenige Euro kontinental zu reisen. Billig-Airlines locken mit Preisschlagern, traditionelle Anbieter folgen mit Gegenangeboten. Der Preisdruck wirkt sich nicht nur auf die Anbieter selbst, sondern auch auf die unmittelbar Betroffenen aus: Selbst Geschäftsreisende werden von ihren Arbeitgebern oder Auftraggebern gezwungen, die günstigsten Alternativen zu selektieren.

Die Kehrseite der Medaille: Zum einen sind die günstigen Angebote teilweise stark kontingentiert, ein Verzicht auf Serviceleistungen ist obligatorisch und Einschränkungen in der Mobilität müssen in Kauf genommen werden, da teilweise Flughäfen Standortnachteile aufweisen und die Bestimmungen Flugstreichungen mangels Fahrgastaufkommens im Bereich des Vertretbaren zulassen. Schnell wird bei diesem Beispiel klar, dass eine Fokussierung auf den Preis unabdingbare Voraussetzungen erfüllen muss:

Ein Preis ist dann nur auf unschlagbar wettbewerbsfähigem, unterem Niveau möglich, wenn der Wert der Mehrleistung des Wettbewerbers nicht vergleichsweise niedriger ist, als würde der Anbieter selbst diesen Mehrwert anbieten.

Bei der Preisgestaltung im Marketing handelt es sich um die optimale Preisbestimmung für Produkte und Dienstleistungen, die zur Erreichung der unternehmerischen Erfolgskennzahlen führt. Hierzu sind die Bedingungen des Markts und des Wettbewerbs zu berücksichtigen sowie die Bereitschaft der Kunden, einen bestimmten Preis zu bezahlen.

Die Preisfindung ist der effektivste Gewinntreiber eines Unternehmens. Zu oft wird jedoch diesem Ansatz nicht genügend Aufmerksamkeit gewidmet, und die Umsetzung der Preisstrategien wird mangels systematischer Analyse nicht nachhaltig gesichert. Folglich werden erhebliche Gewinnpotenziale verschenkt.

Qualität als Argument: »Leistung aus Leidenschaft«

Die Zahlen sprechen für sich: Zum wiederholten Male konnte Branchenprimus *Deutsche Bank* sein jahrelanges »Sorgenkind«, das Privatkundengeschäft, über die Ertragsmarke von 1 Milliarde Euro drücken. Die Kombination qualitativ hochwertiger Produkte wie die des Branchenführers im Fondsbereich *DWS* und ein ganzheitlicher Ansatz im Bereich der Finanzplanung haben nach Jahren der Umstrukturierung das Unternehmen auf den Erfolgskurs zurückgeführt.

Gerade der Finanzdienstleistungsbereich bietet wie kein anderer die Möglichkeiten zum Vergleich von Produktangeboten. Zahlreiche Online-Banken, Investmentgesellschaften und freie Vermittler bieten austauschbare Produkte zu günstigeren Preisen an.

In diesem Segment siegt der ganzheitliche Blick auf den Kunden, um mit qualitativ hochwertiger Beratung zu punkten.

Auch andere Bereiche der deutschen Wirtschaft bringen Licht ins Dunkel des aktuellen Konjunkturtiefs: So verzeichnen Unternehmen wie *Porsche* oder *BMW* positive Zuwächse und tragen dazu bei, dass Deutschland zum dritten Mal in Folge Exportweltmeister werden konnte.

Das Erfolgsgeheimnis liegt relativ offen. Bedingungsloser Fokus auf qualitativ hochwertigen Produkten und Dienstleistungen schafft lang-fristigen Erfolg. So ist der Faktor Qualität die Grundlage einer weiteren wichtigen Strategie zur Kundengewinnung.

Gerade der Automobilbereich bietet hier Ansätze zum Nachahmen: Um sich besser von der Konkurrenz abheben zu können, bieten einige Hersteller im Internet ihren Kunden die Möglichkeit, ihr »Wunschautomobil« selbst zusammenzustellen, zum Beispiel Wunschfarbe und -ausstattung. Eine höchst kundenorientierte und innovative Idee wie der hier beschriebene »Car-Configurator« ist folglich integraler Bestandteil des Internet-Auftritts einiger Unternehmen. Um sicherzustellen, dass diese Anwendung den Kunden und Interessenten jederzeit zur Verfügung steht, müssen Unternehmen bestimmte »Performance-Management«-Lösungen einsetzen. Schließlich operieren Unternehmen zunehmend auf dem Auslandsmarkt und müssen daher viele Servicepunkte garantieren, wie zum Beispiel die Bereitstellung des Car-Configurators auch in anderen Sprachen.

Service als Argument: »Heute gebracht, morgen gemacht«

Der Ruf Deutschlands als »Servicewüste« ist weit verbreitet. Viele Unternehmen versuchen jedoch, einen positiven Richtungswechsel herbei-zuführen und Servicedienstleistungen als integralen Bestandteil in ihr Marketingkonzept aufnehmen, um Kunden zu gewinnen. Dies fängt an beim Rund-um-die-Uhr-Service über eine Telefonhotline und geht von der Online-Kundenbetreuung über die Verlängerung der Ladenöffnungszeiten bis hin zur Vorort-Finanzberatung im Privathaushalt.

Die neuen Technologien, insbesondere das Internet, spielen auch hier eine nicht zu unterschätzende Rolle, da zahlreiche Services hierüber abge-bildet werden.

Wichtig dabei ist, dass über das Internet die Möglichkeit zum sofortigen Feedback gegeben wird. Kunden und Interessenten können zeitunabhäng mit dem Unternehmen Kontakt aufnehmen und Informationen wunsch- und bedarfsgerecht abrufen. Erforderlich ist allerdings, dass ein Angebot entsprechend gepflegt wird.

Kunden erwarten einen umfassenden Service, und das nicht nur als

Entschädigung für beispielsweise längere Wartezeiten. Vielmehr möchten sie einen Zusatznutzen erhalten und sich beim Kauf wohl fühlen. Beispielsweise wird der Besuch beim Friseur angenehmer, wenn dem Kunden ein Getränk angeboten oder das Angebot um eine Maniküre erweitert wird. Die Kaufatmosphäre spielt generell eine entscheidende Rolle. Ein Einkaufsbummel im überfüllten Kaufhaus muss nicht jedermanns Sache sein. Schnell vergeht die Lust auf den Kauf, wenn keine ausreichende Beratung geleistet wird oder wenn die Kundenbetreuung einen Kunden ignoriert.

Hier können Kundenbeziehungssysteme einen wichtigen Beitrag leisten. Customer-Relationship-Management (CRM) ist der Begriff, der eine ganzheitliche, elektronische Abbildung sämtlicher Daten einer Kundenbeziehung beschreibt. Dies beginnt bei den Stammdaten des Kunden und geht über seine Kaufdaten bis hin zu seinen Interessen und Bedürfnissen, die zu weiteren Möglichkeiten des Zusatzverkaufs führen. Intelligente Systeme bieten durch die Befriedigung möglicher Zusatzbedürfnisse für die Kontaktperson Ansätze, um beim Kunden Begeisterung zu wecken. Beispielsweise wird durch das Anbieten eines Kaffees beim Friseur nicht das zentrale Bedürfnis des Kunden, ein normaler Haarschnitt, befriedigt, jedoch hinterlässt es einen positiven Eindruck.

Der Erfolg des Einsatzes von CRM im Zuge der serviceorientierten Kundengewinnungsstragie hängt also auch von der unternehmensindividuellen Fähigkeit ab, Informationen über Kunden zu gewinnen und diese in der Andienung von Serviceleistungen zu nutzen, um das Kundenherz höher schlagen zu lassen.

Vertriebsweg als Argument: »3 ... 2 ... 1 ... meins!«

Neueste Studien belegen, dass bereits etwa 50 Prozent aller Handelsunternehmen Produkte über den Online-Weg vertreiben. *eBay* ist »die« Handelsplattform, der Marktplatz Nummer 1. Der Kunde hat bei *eBay* die Möglichkeit, sein Kauferlebnis aktiv und individuell mitzugestalten sowie den Preis selbst zu beeinflussen. Der Online-Vertrieb bietet nicht nur Vorteile, wenn beispielsweise an den Apothekenhandel gedacht wird. Patienten benötigen oftmals kurzfristig Medikamente, um Leiden zu lindern. Erkältungspräparate, die erst mehrere Tage nach der Bestellung eintreffen, nützen dann nichts mehr.

Unter dem Strich bietet der Online-Handel jedoch wesentliche Vorteile und wird zunehmend genutzt werden in den Bereichen Reisen, Übernachtungsbuchungen, Ticket-Services, im Finanzdienstleistungssektor sowie bei Luxus- und Konsumgütern. Einen zusätzlichen Schub wird die Entwicklung im Online-Bereich durch die Zunahme mobiler Dienste über Handy, digitales Fernsehen und Ähnliches erfahren. Auch wenn die Umsatzgrößen noch verhältnismäßig gering sind, können die höchsten Zuwachsraten über das Internet erzielt werden.

Eine Studie von einem mittelständischen Unternehmen hat ergeben, dass die Steigerung der Vertriebseffizienz für 70 Prozent der befragten Unternehmen oberste Priorität besitzt. Ein wesentlicher Ansatzpunkt zur Effizienzsteigerung ist die Optimierung des Vertriebskanalmixes. Aus diesem Grund hat das Unternehmen ein Bewertungsmodell entwickelt, das bei der Bestimmung des optimalen Kanalmixes für jedes Kundensegment wertvolle Einsichten liefert.

Dieses Modell zeichnet sich durch die folgenden Merkmale aus: Betrachtung von Absatz-, Service- und Marketingkanälen, Analyse der Bedürfnisse aus Hersteller-, Partner- und Kundensicht, Ermittlung eines Effektivitätsindexes der Vertriebskanäle pro Kundensegment, Ermittlung der Kosten der Vertriebskanäle pro Kundensegment und Abwägen von Effektivität und Kosten.

Die Anwendung des Modells liefert den Unternehmen Empfehlungen für optimierte Strukturen und Schwerpunkte in ihrem jeweiligen Vertriebskanal- und Segment-Management.

Zusammenfassung und Fazit

Eine Entscheidung darüber, welcher Weg gewählt wird, um Kunden zu gewinnen und im Anschluss auch zu binden und zu begeistern, ist nicht einfach.

Es wurde gezeigt, welche Ansatzpunkte möglich sind. Dass der Preis nicht immer das erfolgversprechendste Argument ist, sollte deutlich geworden sein.

Abbildung 20: Strategietypen und Wettbewerbsvorteil

Strategieansatz	Profil	Beispiele
Preis	Alleiniges Kaufentscheidungskriterium nach dem »Billigerprinzip« (eindimensionaler Wettbewerbsvorteil)	– *Ryanair, Easyjet* – *01051, Tele2*
Qualität	Mehrere Kriterien, die eine Entscheidung zum Kauf beeinflussen, aber nicht der Preis (mehrdimensionaler Wettbewerbsvorteil)	– *BMW, Porsche* – *Deutsche Bank, Allianz* – *Siemens, T-Systems*
Service	Mehrschichtige Möglichkeiten, über die Befriedigung von Zusatzbedürfnissen eine Kaufentscheidung positiv zu beeinflussen (ergänzender Wettbewerbsvorteil)	– *Singapore Airlines* – *Käfer's* (München) – *Hotel Burj al Arab* (Dubai)
Vertriebsweg	Beeinflussbare Möglichkeiten, den Kauf zu vollziehen und abzuwickeln, auf Kunden- wie Unternehmensseite (distributiver Wettbewerbsvorteil)	– *Dell* versus *Medion* – Apotheke versus *DocMorris* – *Amazon* versus *Hugendubel*

Die preisorientierte Strategie ist nur dann erfolgreich, wenn eine entsprechende Kostensituation vorliegt und wenn die gesetzten Preise dauerhaft am Markt konkurrenzfähig bleiben. Der qualitätsorientierte Weg dagegen bietet vielschichtige Möglichkeiten, auf Markt, Wettbewerb und Kunden zu reagieren. Qualität als mehrdimensionaler Begriff bietet Ansatzpunkte, die bei der Produktqualität beginnen, sich auf Beratungsleistungen beziehen können, bis hin zu Faktoren wie Design und Markenimage. Hieran orientiert sich ebenfalls der Serviceansatz, der eine möglichst hohe Vielzahl von Serviceleistungen neben dem Hauptgeschäft mit dem Kunden einbeziehen möchte, um so die Kaufentscheidung für die Hauptleistung zu verstärken. Service grenzt darüber hinaus dann gegenüber Wettbewerbern ab, wenn Qualitätsansprüche weitestgehend befriedigt sind und Unterschiede zwischen verschiedenen Anbietern nur noch unter großen Anstrengungen realisiert werden können. Abbildung 20 verdeutlicht an verschiedenen Beispielen die wesentlichen Elemente der unterschiedlichen Ansätze.

Kreieren Sie ein ganzheitliches Marketing

In diesem Abschnitt werden folgende Themen behandelt:

▶ Der ALPEN-Mix
▶ Das Marketingbudget
▶ Customer-Relationship-Management

Bei der Schaffung eines ganzheitlichen Konzepts orientiert man sich an den sauber recherchierten und erhobenen Kundenwünschen und den entsprechenden Bedürfnissituationen.

Ziel ist es, im Kopf des Konsumenten ein erkennbares, klares Bild davon zu schaffen, wofür ein Unternehmen mit seinen Produkten und Dienstleistungen steht. Hierzu muss das Unternehmen wie ein klassischer Orchesterkomponist ein Werk schaffen, das in sich, in seiner Melodie, im Instrumenteneinsatz und in seiner Abfolge klar aufeinander abgestimmt ist, um auf den Konsumenten zu wirken. Das dabei erzeugte Klangbild vergleicht man im Marketing mit der imaginären Position, die im Kopf des Kunden für das entsprechende Produkt oder die Dienstleistung besetzt wird. Je klarer diese Position, desto stärker der Wettbewerbsvorteil gegenüber den Konkurrenten.

Dies gelingt dann, wenn der Wettbewerbsvorteil zum einen ein für den Kunden wichtiges Leistungsmerkmal betrifft, dauerhaft erhalten werden kann und klar vom Kunden erkannt wird. Zum anderen müssen sich Wettbewerbsvorteile langfristig profitabel für das Unternehmen auswirken.

Strategisch gesehen stellt die Positionierung das Leitbild für die entsprechende Gestaltung der einzelnen Marketinginstrumente dar. Der so genannte ALPEN-Mix steht stellvertretend für die verschiedenen absatzpolitischen Instrumente des Marketing. Dieser setzt sich aus den Elementen A wie Angebot und Produkt (Produktpolitik), L wie Leistung und Service

(Service- und Leistungspolitik), P wie Preis und Konditionen (Preispolitik), E wie Erlebnis und Kommunikation (Kommunikationspolitik) und N wie Netzwerk und Vertrieb (Distributionspolitik) zusammen.

Der ALPEN-Mix muss verschiedenen Anforderungen genügen, um die gesteckten Ziele erfolgreich gestalten und die definierten Strategien umsetzen zu können.

Die integrierte, gemeinsame Betrachtung und Steuerung der Instrumente stellt dabei eine entscheidendende Aufgabe des ALPEN-Mixes dar. Denn nur die optimale Mischung der einzelnen Instrumente verspricht den höchsten Nutzen und damit eine erfolgreiche Positionierung.

Der ALPEN-Mix muss optimal auf die zu erreichende Zielgruppe ausgerichtet sein. Vergleicht man ihn mit einem Fünfgängemenü, so können die einzelnen Gänge wie Vorspeise, Suppe, Fischgericht, Fleischgericht und Dessert alleine für sich existieren und bestehen, aber damit ist das Menü als Ganzes noch lange keine homogene Sache. Erst die optimale Mischung beziehungsweise Reihenfolge und die Ausrichtung der Speisen auf die Vorlieben der Gäste versprechen ein gelungenes Menü. Nicht unterschätzt werden dürfen die Faktoren Erlebnis und Service. Kurze Wartezeiten, freundliche Bedienung sowie ein stilvolles Ambiente tragen als Erlebnis- und Servicefaktoren ebenfalls zu einem gelungenen Abend bei.

Welche Werkzeuge bietet das Marketing?

Die Elemente des ALPEN-Mixes werden im Folgenden einer eingehenden Untersuchung unterzogen, und seine operativen Gestaltungsmöglichkeiten werden erläutert. Dabei ist zu beachten, dass die Instrumente von unterschiedlicher Ausprägung sein können, je nach strategischer Stoßrichtung:

Angebot und Produkt

Im Rahmen der Angebots- und Produktpolitik werden für das Programm alle marktgerichteten Entscheidungen getroffen. Ziel ist die Befriedigung von Bedürfnissen und Wünschen der Kunden. Die Problemlösungskompetenz steht im Vordergrund. Innerhalb des Programms sind Entscheidungen hinsichtlich der Planung und Durchführung des Angebotsportfolios zu treffen. Durch dessen Optimierung werden Wettbewerbsvorteile generiert.

Ein Hersteller von Sportartikeln etwa ist nicht nur auf eine bestimmte Sportart spezialisiert. Sein Produktprogramm umfasst mehrere Produktlinien, die sowohl für Anfänger als auch für Profis ausgelegt sind. Bei der Entwicklung von Fußballschuhen standen kundenspezifische Wünsche im Vordergrund. So stellt er robuste und stabile Allwetterschuhe für nahezu jeden Untergrund her, die für Freizeitfußballer sehr geeignet sind. Auf der anderen Seite stehen supermoderne Stollen- und Noppenschuhe zur Verfügung, die in Zusammenarbeit mit Profis entwickelt worden sind.

Leistung und Service

Die Leistungs- und Servicepolitik hat die Aufgabe, über Kundenzufriedenheit und Kundenbegeisterung einen Beitrag zur langfristigen Sicherung des Unternehmenserfolgs zu leisten. Begeisterte Kunden sollen in ihrem sozialen Umfeld als Botschafter der Firma auftreten. Aber nicht nur externe Kunden sind Zielkunden der Leistungs- und Servicepolitik, sondern auch die internen Kunden, also die eigenen Mitarbeiter. Ein zufriedener Mitarbeiter ist Voraussetzung für einen zufriedenen Kunden. So wirkt sich eine zufriedene Belegschaft positiv auf das Betriebsergebnis aus.

Um seinen Kunden den passenden Schuh anbieten zu können, der das individuelle Lauf- beziehungsweise Abrollverhalten unterstützt, analysiert der Hersteller aus dem obigen Beispiel mit einem Laufband den jeweiligen Laufstil. Auf der Basis dieser Analyse werden kundenspezifische Einlagen angefertigt, die sich optimal an den Fuß anpassen und somit Verletzungen vorbeugen. Da die Zufriedenheit der eigenen Mitarbeiter stets auch zur Freundlichkeit den Kunden gegenüber beiträgt, wird in regelmäßigen Abständen ein Fußball-Betriebsturnier organisiert. Dies schafft ein optimales Betriebsklima und stärkt das »Wir«-Gefühl.

Preise und Konditionen

Als Unternehmensziel werden oftmals die quantitativen Kriterien Gewinnmaximierung beziehungsweise Kostendeckung genannt. Im Rahmen der Preispolitik müssen hierzu die Preise und Konditionen so optimiert werden, dass das jeweilige Ziel erreicht werden kann. Die Ermittlung beziehungsweise die richtige Einstellung der Preise und Konditionen kann auf dreierlei Art und Weise erfolgen: Das Unternehmen orientiert sich entweder an den Kunden, an den eigenen Kosten oder an der Konkurrenz.

Der Nutzen für das Unternehmen liegt in der Maximierung des Gewinns, der Kostendeckung und der Steigerung von Absatz und Marktanteilen. Um dies zu erreichen, werden preispolitische Grundsatzstrategien angewendet. Die Preis-Mengen-Strategie ist hierbei besonders ausgeprägt und der Preis nahezu alleiniger Handlungsparameter.

Aufgrund der positiven Erfahrungen, die der Hersteller in der Entwicklungsphase mit den Kunden gemacht hat, entscheidet er sich dafür, auch die Preise und Konditionen kundenorientiert festzusetzen. Hierfür hat er eine Kundenbefragung zur Preissensibilität durchgeführt, die ihm die notwendigen Kenntnisse geliefert hat.

Erlebnis und Kommunikation

Die Kommunikationspolitik hat die Aufgabe, die Kunden auf das Angebot aufmerksam zu machen und sie zum Kauf zu animieren. Die Ziele der Kommunikationspolitik liegen in der Steigerung des Absatzes und des Bekanntheitsgrads. Dies geschieht nur durch eine effiziente und glaubhafte Kommunikation der Wettbewerbsvorteile und durch Schaffung eines positiven Unternehmensimages. Des Weiteren sollen gegenwärtige und potenzielle Kunden über die Serviceleistungen informiert werden.

Um den Absatz der neuen Fußballschuhe zu steigern, veranstaltet der Hersteller vor seiner Hauptfiliale ein Outdoor Event, das unter anderem mit einem kleinen Fußballspielfeld, Parcours und Vorführungsständen ausgestattet ist. Auf diesem Event werden potenzielle Kunden über die Eigenschaften der Schuhe aufgeklärt und haben die Möglichkeit, diese zu testen.

Netzwerk und Vertrieb

Eine Distribution wird dann als optimal bezeichnet, wenn das richtige Angebot, zur richtigen Zeit, am richtigen Ort, in der richtigen Menge, in der bestmöglichen Qualität und zu angemessenen Kosten vorrätig ist. Natürlich sollten hier wieder die Wünsche und Bedürfnisse des Kunden an erster Stelle stehen, das heißt das Angebot sollte genau auf die potenzielle und konkrete Nachfrage abgestimmt sein. Für den Sportartikelhersteller bedeutet dies, dass der neue Fußballschuh zu Beginn der Saison in die richtigen Fachhandelsgeschäfte in ausreichender Menge in hervorragender Qualität und zu angemessenen Vertriebskosten geliefert wird.

Die Distribution muss infolge eingespielter Geschäftsprozesse sicherstellen, dass Vertragsvereinbarungen eingehalten werden und die Kunden dahingehend zufrieden gestellt werden.

Marketingbudget und dessen Bestimmung

Neben der integrativen Umsetzung der Positionierung und Ausrichtung auf die Zielgruppe stellt die Planung und Bereitstellung des Marketingbudgets eine weitere wichtige Aufgabe bei der Gestaltung des ALPEN-Mixes dar. Der Einsatz und die Verteilung des Marketingbudgets stellt sich für die Verantwortlichen als eine wichtige und zugleich schwierige Aufgabe dar, insbesondere da die finanziellen Mittel in vielen Unternehmen heutzutage knapp bemessen sind. Die »Empfänger« des Budgets müssen sich nicht nur ihren Vorgesetzten gegenüber verantworten, sondern gleichzeitig mit Kosteneinsparungen umgehen können.

Es ist zu empfehlen, Teilbudgets aus dem Gesamtbudget zu erstellen, die innerhalb der Organisationseinheiten des Unternehmens beziehungsweise anhand der Instrumente des ALPEN-Mixes verteilt werden. Ein nicht seltenes Problem für die Verantwortlichen einzelner Abteilungen liegt darin, angesichts eines Budgetrahmens, der nur in sehr seltenen Fällen erhöht werden kann, die eigentlichen Zielsetzungen des gesamten Marketingbereichs im Auge zu behalten. Das heißt das Budget soll nicht als alleiniger Handlungsrahmen für mögliche Maßnahmen gesehen werden. Oft werden Potenziale, so genannte Synergieeffekte, nicht ausgeschöpft. Die einzelnen Abteilungen, die für die Umsetzung der Instrumente des ALPEN-Mixes zuständig sind, wissen oft nicht, was die Kollegen aus anderen Abteilungen machen, und erledigen daraufhin unnötige Parallelarbeiten (zum Beispiel doppelter Druck von Broschüren). Demzufolge liegt es im Aufgabengebiet des Gesamtbudgetverantwortlichen, die Arbeiten zu koordinieren und einen Gesamtüberblick über den ALPEN-Mix zu behalten. Für die Erstellung eines Budgets existieren hauptsächlich zwei Verfahren, die Top-down- und die Bottom-up-Methode:

Bei der Top-down-Methode verläuft die Planungsrichtung von oben nach unten. Der Geschäftsführer oder Gesamtverantwortliche bestimmt die Zielrichtung und daraufhin die Verteilung des Budgets. Dieses Verfahren spart zwar Zeit und Kosten, es werden hierbei aber möglicherweise spezifische Bedürfnisse einzelner Bereiche nicht berücksichtigt.

Bei der Bottom-up-Methode dagegen verläuft die Planungsrichtung von unten nach oben. Sie ist sehr zeitaufwändig, hat jedoch den Vorteil, dass selbst die untersten Organisationseinheiten oder Mitarbeiter mit in die Entscheidung einbezogen werden. Dadurch kann deren Motivation gesteigert werden, was sich auch positiv auf die Zufriedenheit auswirken kann.

Eine genaue Definition für den Begriff des Marketingbudgets existiert in der Literatur nicht. Meist stehen die Kosten im Vordergrund und weniger der Nutzen, den ein integriertes Marketing bietet. Zum Beispiel werden Mittel, die eigentlich für den Aufbau einer starken Marke verwendet werden sollen, oft als Erstes weggestrichen, da eine genaue Messung zu schwierig erscheint. Ein Beispiel für die Schwierigkeit der Verteilung eines Budgets ist in der Folge beschrieben:

Der Sportartikelhersteller muss das Marketingbudget für das nächste Jahr auf die fünf Instrumente des ALPEN-Mixes verteilen. Er steht vor dem Problem, entweder einen neuen Fußballschuh zu entwickeln (Angebot und Produkt), seine Mitarbeiter zu schulen (Leistung und Service), ein Bonussystem zur Kundenbindung einzuführen (Preis und Konditionen), eine Werbebroschüre anzufertigen (Erlebnis und Kommunikation) oder einen Online-Shop zu implementieren, um die Produkte 24 Stunden anbieten zu können (Netzwerk und Vertrieb). Für die Lösung dieses Problems erstellt er ein Scoring-Modell. Eine Möglichkeit wäre, die bestehenden Angebote zu modifizieren, anstatt einen neuen Fußballschuh zu entwickeln. Oder er könnte die Mitarbeiter schulen, da der Service einen Kauf stärker beeinflusst als ein vorhandener Online-Shop. Es bieten sich also mehrere Alternativen an, das Marketingbudget aufzuteilen. Insgesamt ist darauf zu achten, dass die Instrumente sinnvoll aufeinander abgestimmt werden.

Customer-Relationship-Management (CRM)

Mit dem Einsatz eines CRM-Systems sind verschiedene Zielsetzungen wie Erhöhung der Kundentreue und Kundenzufriedenheit, Kostenreduktion, Gewinnsteigerung, Neukundengewinnung sowie Steigerung der Mitarbeiterzufriedenheit verbunden. Diese überwiegend weichen Faktoren sind auf den ersten Blick nicht in monetäre Größen zu überführen. Daher ist das Setzen von Kennzahlen an dieser Stelle unabdingbar. Als Kennzahl ist der Return-on-Investment (ROI) ein sehr effizientes Mittel. Folgende Voraussetzungen müssen gegeben sein, um eine messbare Größe für den Erfolg von CRM zu erhalten:

- Betrachtung interner und externer Faktoren;
- Erfassen von Wechselbeziehungen;
- Priorisierung von Maßnahmen;
- Überführen weicher Faktoren in harte Kennzahlen;
- hohe Datenqualität;
- Anwendung weiterer Kennzahlen zum ROI.

CRM beschäftigt sich mit dem Management von Kundenbeziehungen. Das Aufgabenfeld umfasst viele Bereiche und ist dementsprechend sehr umfangreich. CRM wird insofern auch als kundenorientierte Unternehmensphilosophie verstanden. Es beinhaltet Planung, Durchführung und Kontrolle aller Unternehmensaktivitäten und trägt zu einer Steigerung der Kundenrentabilität und damit zu einem optimalen Kundenportfolio bei. Mit der Unterstützung moderner Informations- und Kommunikationstechnologien innerhalb des CRM wird versucht, Kundenbeziehungen aufzubauen, die im besten Fall sowohl langfristig angelegt als auch profitabel sind. Hierzu ist ein ganzheitliches Marketing-, Vertriebs- und Servicekonzept notwendig.

Es wird dementsprechend die gesamte Wertschöpfungskette betrachtet: Zunächst müssen schon vor dem Kauf die Bedürfnisse eines potenziellen Kunden klar analysiert worden sein, denn nur daraus lässt sich ersehen, mit welchem Angebot der Kunde angesprochen werden muss. Anschließend muss der Servicegrad bestimmt werden, mit dem er maximal zufrieden gestellt werden kann. Die gesamte Wertschöpfungskette stellt sich als ein geschlossener Kreislauf dar, in dem jeder einzelne Bereich neue Erkenntnisse über den Kunden hervorbringt und dementsprechend neue Verkaufspotenziale erzeugt. Ganzheitliches CRM bedeutet demnach:

- Customer: Jeder Mitarbeiter muss die Bedürfnisse der betreffenden Kunden kennen und diese durch zielgenaue Kommunikation und maßgeschneiderte Produkte befriedigen.
- Relationship: Unter Mithilfe der Mitarbeiter muss das Unternehmen eine effiziente Beziehung zu profitablen Kunden aufbauen und diese auf eine langfristige Basis stellen.
- Management: Das Zusammenspiel zwischen Kunden und Mitarbeitern muss, unter Einbeziehung der Unternehmensziele, koordiniert werden.

Loyale Kunden garantieren kontinuierliche Einnahmen und tragen somit maßgeblich zum Überleben des Unternehmens bei. Gestaltet sich eine Kundenbeziehung in der Art, dass die Loyalität zu den Produkten oder Dienstleistungen in Begeisterung umschlägt, so wird der Kunde zum optimalen Botschafter des Unternehmens (Phänomen »Ferraristi«, Opel-Fanclub und so weiter). Hier wird der Wert einer langfristigen Beziehung zum Kunden deutlich. Es existieren unterschiedliche Lebenszyklusphasen, die den jeweiligen Kontakt zum Kunden beschreiben.

Beispielsweise bedeutet Customer-Management bei dem Energieunternehmen *Vaillant*, dass Kunden in Segmente eingeordnet werden. Diese ermöglichen gezielte individuelle Marketingaktionen. Durch Segmentierung können konkrete Handlungsfelder und Ansatzpunkte für eine Optimierung der Kundenbeziehungen aufgezeigt werden.

Im CRM werden Unternehmensprozesse bei *Vaillant* auf die Kundenziele hin ausgerichtet mit folgenden Zielen:

- Analyse der Kundenwertschöpfungsprozesse je Kundensegment;
- Identifizierung der Kundenwertschöpfungsziele;
- Fokussierung der einzelnen Prozessschritte;
- Einbindung der Kundenprozesse in ein CRM;
- Optimierung des Kundenwertschöpfungsprozesses durch innovative Dienstleistungsangebote.

Nicht ein CRM-Instrument definiert den Erfolg, sondern die konsequente Anpassung eines Unternehmens an die Kundenbedürfnisse. Festzuhalten ist, dass durch den Einsatz von CRM die Kundenbetreuung deutlich an

Effizienz gewinnen kann. Kostenersparnisse müssen nicht zwangsläufig im Vordergrund stehen, auch wenn sie vorhanden sind.

Das CRM wird mit den Instrumenten des ALPEN-Mixes in einem integrativen Gesamtansatz eingesetzt und interpretiert:

- Angebot und Produkt (etwa individuelle Lösungen, Zusatzleistungen, Leistungsgarantien, individuelle technische Standards);
- Preis und Konditionen (zum Beispiel Kundenkarten, Rabatt- und Bonussysteme, Preisdifferenzierung, Preisbündelung);
- Erlebnis und Kommunikation (etwa Event-Marketing, Kundenclubs, Aufbau kundenspezifischer Informationssysteme);
- Netzwerk und Vertrieb (zum Beispiel Product-Sampling, Online-Bestellung, Katalogverkauf, kundenorientierte Standortwahl).

Zur Umsetzung der Strategien von CRM empfiehlt sich der Einsatz von modernen, integrierten Informationssystemen. Die konkrete Umsetzung einer CRM-Strategie, das heißt eine konsequente Ausrichtung eines Unternehmens auf seine Kunden, erfordert die zielgerichtete Zusammenarbeit aller Organisationsbereiche, das Schaffen eines erfahrbaren Zusatznutzens für die Kunden sowie die Um- und Neugestaltung der Prozesse in Marketing, Sales und Service. Somit bedarf es bei der Umsetzung von CRM-Projekten der aktiven und kontinuierlichen Unterstützung durch die Geschäftsleitung. Wichtige Anforderungen an ein CRM-System können je nach Anforderung und Gegebenheiten beispielsweise die Transparenz der Daten und durchgängige Prozesse, zeitpunktgenaue Projektstatusermittlung und Vertriebssteuerung sein.

Festzuhalten ist jedoch, dass CRM von Unternehmen unterschiedlich definiert und realisiert wird. Ein schrittweises strategisches Vorgehen bei der Implementierung von CRM, also das Setzen realistischer Ziele, ist notwendig. Dann erst sind die Kosten kontrollierbar, und Mitarbeiter können gezielt in die Prozesse eingebunden werden.

Zusammenfassung und Fazit

Die Instrumente des ALPEN-Mixes sind in einem integrativen Gesamtansatz zu betrachten, um den Kunden ein optimales Angebot zu unterbreiten. Dies ist im Rahmen eines Customer-Relationship-Managements zu erreichen, das als wesentlicher Bestandteil der Unternehmensphilosophie zu sehen ist.

Ein Beispiel eines Weinherstellers und -händlers erläutert, wie die verschiedenen Instrumente des ALPEN-Mixes zur Kundenbedienung angewendet werden können:

- Angebot und Produkt: Sehr reichhaltiges Angebot an verschiedenen Weinen, bezüglich Nationalität, Anbaugebiet, Traubensorte et cetera, sodass der Kunde Weine nach seinen individuellen Vorlieben auswählen kann.
- Leistung und Service: Der Service ist auf den jeweiligen Zeitpunkt der Inanspruchnahme der Leistungen zugeschnitten. Vor dem Kauf kann der Händler den Kunden eine Viertelflasche Wein zum Probieren anbieten, während des Kaufs bieten sich kleine Werbegeschenke wie Korkenzieher an, und nach dem Kauf können vor allem umsatzstarke Kunden zu einer Weinprobe eingeladen werden.
- Preis und Konditionen: Der Händler hat für jeden Geldbeutel ein reichhaltiges Angebot an Weinen zur Auswahl. Zudem können die Preise auch für verschiedene Kundengruppen (Studenten, Rentner et cetera) differenziert betrachtet werden.
- Erlebnis und Kommunikation: Der Auftritt auf Gastronomiemessen oder firmeneigene Veranstaltungen (zum Beispiel Weinprobe) erlauben einen regen Kontakt und Kommunikationsaustausch mit den Kunden. Der Kunde erfährt hier unter anderem, welcher Jahrgang hervorragend ausgefallen ist, bei welcher Gelegenheit man welchen Wein trinkt oder wie man einen Wein dekantiert. Das Thema Wein wird somit erlebbar.
- Netzwerk und Vertrieb: Neben dem normalen Geschäftsverkauf bietet sich der Verkauf über das Internet oder den Versandhandel an. Die Zustellung kann dann auf postalischem Weg erfolgen oder durch die Weinhandlung selbst.

Für eine erfolgreiche und optimale Umsetzung des ALPEN-Mixes, sowohl aus strategischer und operativer Sicht, empfiehlt sich eine Orientierung an nachfolgender Checkliste:

Checkliste zur Umsetzung des ALPEN-Mixes:

- Spiegelt die ausgewählte Strategie die gewünschte Positionierung wider?
- Welche Probleme gibt es bei der Wahl der grundsätzlichen Instrumentalstrategien?
- Sind die gewählten Grundsatzstrategien auf operationaler Ebene aufeinander abstimmbar?
- Ergibt sich durch den Einsatz der operationalen Instrumente ein stimmiges Gesamtbild innerhalb des ALPEN-Mixes?
- Sind für die Umsetzung des ALPEN-Mixes genügend Mittel veranschlagt? Welche Ressourcen sind darüber hinaus notwendig? Sind Nachbesserungen in der Ressourcenausstattung möglich (Budgetüberprüfung)?
- Gibt es Überschneidungen beim Ressourcen- beziehungsweise beim Instrumenteneinsatz? Wenn ja, wo und in welchem Bereich? Sind Synergien genutzt worden?
- Sind Nachbesserungen bei der Wahl der Strategie und der Budgetierung notwendig? Wenn ja, muss bei den vorherigen Punkten neu angesetzt werden!

Aus kundenorientierter Sicht kann der Maßnahmenkatalog in Abbildung 21 für die Instrumente des Marketing-ALPEN-Mixes angewendet werden.

Abbildung 21: Kundenbindung im ALPEN-Mix

ALPEN-Mix-Instrumente	Maßnahmen zur Kundenbindung
Angebot und Produkt	Erstellung von individuellen Angeboten für die Kunden. Gemeinsame Entwicklung von Produkten und Dienstleistungen mit den Kunden
Leistung und Service	Festlegung von Qualitäts- und Servicestandards. Angebot von Zusatzleistungen
Preis und Konditionen	Einführung eines Bonussystems. Preisdifferenzierung, Preisbündelung. Einführung von Kundenkarten. Zufriedenheitsabhängige Preisgestaltung
Erlebnis und Kommunikation	Proaktive Kundenkontakte. Anbieten von Servicenummern, Kundenhotlines. Kundenzeitschriften mit relevanten Informationen. Aufbau kundenspezifischer Kommunikationskanäle
Netzwerk und Vertrieb	Product-Sampling. Möglichkeit, Leistungen online zu bestellen. Versandhandel und Direktlieferung. Kundenorientierte Standortwahl. Kunden-werben-Kunden-Programm

Gestalten Sie Ihr Angebot kundenindividuell

In diesem Abschnitt werden folgende Themen behandelt:

▶ Die optimale Angebotspolitik
▶ Die Entwicklung neuer Angebote
▶ Mass-Customization

Kunden wünschen Problemlösungen, diese erfordern jedoch Arbeit. Ein Teil dieser Arbeit besteht aus Investitionen in die Entwicklung von Ideen, und Ideen kommen oftmals vom Kunden. Es geht also bei der Angebotsgestaltung im Unternehmen darum, den Kunden mit einzubeziehen in die Produktentwicklung und -gestaltung. Schaffen Sie Möglichkeiten zur Beteiligung. Hierzu zählen sämtliche Kontaktpunkte mit dem Kunden, vom Kundengespräch und dem Protokoll des Vertriebsmitarbeiters über das Kontaktformular auf der Internetseite bis hin zum Ideenwettbewerb.

Die Angebots- beziehungsweise Produktpolitik beschreibt dementsprechend, welche Aktivitäten unternehmensseitig ergriffen werden können, die zur Schaffung eines marktorientierten Produktportfolios dienen. Im Folgenden werden die verschiedenen Kriterien beschrieben, die zur Bildung eines optimalen Angebots vonnöten sind. Darauf aufbauend wird die Entwicklung neuer Angebote und die Weiterentwicklung bestehender Angebote dargestellt. Schließlich wird die Methode der Mass-Customization erläutert.

Wie bilden Sie ein optimales Produkt-/Dienstleistungsprogramm?

Die Angebotspolitik wird in verschiedene Teilbereiche untergliedert und umfasst das Angebotsprogramm, die Produktqualität, die Marken-

politik, das Design, die Verpackung und die damit verfolgten Angebotsziele.

Angebotsprogramm

Bei der Betrachtung des Angebotsprogramms wird die Gesamtheit aller
angebotenen Waren und Dienstleistungen eines Unternehmens beziehungsweise das Sortiment des Handels untersucht. Hierbei wird zwischen
Angebotsbreite und Angebotstiefe unterschieden. Unter der Breite wird
ein weitreichendes Programm oder Sortiment verstanden, das mehrere
einzelne Angebote umfasst. So kann die Angebotsbreite eines Wellness-
hotels etwa Sauna-, Thermalbäder- und Beauty-Bereich beinhalten.

Bei der Untersuchung der Produkttiefe geht es nicht um die Vielfalt
der verschiedenen Waren, sondern um die Vielfalt innerhalb einer Waren-
gruppe hinsichtlich ihrer Ausprägungsmöglichkeiten. Ziel ist es, einen
möglichst großen Kundenkreis anzusprechen und unterschiedliche Preis-
bereitschaften abzuschöpfen, also für jeden das »Richtige« zu finden. Für
unser Wellness-Hotel bedeutet das zum Beispiel verschiedene Varianten
des Saunabereichs wie »Finnische Sauna«, »Farb-Licht-Sauna« und das
»Aromadampfbad«.

Sowohl die Tiefe als auch die Breite eines Programms oder Sortiments
stellen eine Gefahr für das anbietende Unternehmen dar, da Kannibalisierungseffekte auftreten können. Das bedeutet, dass Produkte, die zu ähnlich sind, einander Marktanteile wegnehmen.

Auf unser Wellness-Hotel übertragen bedeutet dies, dass ein Kunde,
der sich sowohl für »Thermalkuren« als auch für »Beauty« interessiert,
eventuell nur eines der beiden Angebote buchen wird.

Produktqualität

Es ist siebenmal so zeit- und kostenintensiv, einen Neukunden zu gewinnen, als einen zufriedenen Stammkunden zu halten. Aus der Sicht eines
Kunden ist ein Kauf nur dann zufriedenstellend, wenn das Angebot und
die enthaltene Qualität des Produkts ihm den größten Nutzen stiften. Hier
kommt der Qualitätskomponente eine besondere Bedeutung zu. Sie dient

erstens der Preisgestaltung, lässt sich zweitens als Argumentation dem Kunden gegenüber einsetzen und ist drittens ein wirksames Werbemittel.

Der Begriff Qualität wird in subjektive und objektive Qualität unterteilt. Unter der subjektiven Qualität verstehen wir die vom Kunden empfundenen Kriterien wie zum Beispiel Haltbarkeit, Zuverlässigkeit, Sicherheit und Nutzen. So hat etwa bei einem Kurbesuch jeder Besucher einen anderen Anspruch an die jeweils gebuchte Kur. Der eine will ausschließlich Erholung, der andere legt eher Wert auf sportliche Aktivitäten. Die subjektive Qualität einer Kur hängt demnach von den individuellen Präferenzen und dem empfundenen Nutzen ab. Die objektive Qualität umfasst die messbaren Eigenschaften eines Angebots und den Grad der technischen Fähigkeiten. Zum Beispiel werden Hotels objektiv nach der Qualität eingeteilt, indem Sternegrade verteilt werden.

Zu den Vorteilen, die sich für ein Unternehmen aus einem umfassenden Qualitätsmanagement ergeben, zählen Wettbewerbsvorteile, Steigerung der Kundenzufriedenheit, Qualitätsverbesserung der Unternehmensprozesse sowie Ergebnisorientierung und Umweltverträglichkeit.

Markenpolitik

Die Marke ist ein in der Psyche des Konsumenten oder des Wettbewerbs verankertes, unverwechselbares Vorstellungsbild von einem Produkt oder einer Dienstleistung. Die Markenpolitik dient dazu, einem Angebot eine Markierung zuzuweisen, das heißt sie mit einem Namen, einer Farbe, einem Symbol, einem Design oder einer Kombination all dieser Komponenten sowie einem hohen Bekanntheits- und Verbreitungsgrad zu kennzeichnen. Das beste Beispiel dafür ist *Coca-Cola*, die nahezu auf der ganzen Welt bekannt und erhältlich ist.

Eine Marke repräsentiert im Bewusstsein der einzelnen Kunden das Unternehmen und besitzt einen Identifikations- und Wiedererkennungscharakter. Sie ist gewissermaßen die Visitenkarte, mit der Waren und Dienstleistungen auf dem Markt ausgestattet sind. Durch die Eintragung in das Markenregister wird es Dritten untersagt, die geschützte Marke für identische oder ähnliche Waren oder Dienstleistungen zu benutzen. Die US-amerikanische Bezeichnung für Marke, »Brand«, vermittelt einen deutlicheren Eindruck. Die Marke »brennt« sich sozusagen in die Köpfe der Kunden ein, da sie ihnen eine Vorstellung über Angebotseigenschaften und -nutzen vermittelt. Über eine Angebotstreue, die durch positive Erfahrungen entsteht, entwickelt sich eine Markentreue, und der durch das einzelne Angebot gestiftete Nutzen wird auf alle zugehörigen Angebote der Angebotslinie/Marke projiziert. Dies bedeutet für den Kunden, dass er der Marke eine Lösungskompetenz zuordnet. Das Image der Marke lässt sich somit auf weitere mit der Kernkompetenz in Verbindung stehende Angebotssegmente ausweiten. Diese Synergieeffekte werden durch die so genannte Corporate Identity (CI) und eine entsprechende Kommunikation verstärkt. Der Schlüssel zur Wiedererkennung einer Marke liegt nicht in der Duplikation eines Markenzeichens, sondern im Aufzeigen immer wiederkehrender Kennzeichen im Erscheinungsbild (zum Beispiel die blaue Farbe von *Nivea*).

Ziel der Markenpolitik ist es, das eigene Angebot gegenüber dem Wettbewerb zu differenzieren und das Image in den Köpfen der Kunden zu verankern. Gleichbleibende oder verbesserte Qualität ist dabei von besonderer Bedeutung. Ein weiteres Element ist die einheitliche Preisstellung. In verschiedenen Regionen sollte der Artikel zu vergleichbaren Preisen angeboten werden.

Design

Unter dem Design eines Angebots wird die Gestaltung der Oberfläche, Funktionalität, Anwenderfreundlichkeit, Schönheit und Ähnliches verstanden.

Schönheit beziehungsweise Design wird oft auch als Qualitätsindikator angesehen. Schönheit betrifft einen sehr subjektiven Qualitätsaspekt, da die Wahrnehmung von Produktaussehen, -geschmack oder -geruch von persönlichen Einstellungen und Vorlieben geprägt wird.

Mithilfe des Designs ist es möglich, das eigene Angebot von dem der Konkurrenz abzuheben und ihm ein unverkennbares Aussehen zu verleihen. Da die Wettbewerbsintensität stetig steigt, bietet sich eine erfolgreiche Abgrenzung zu gleichartigen Angeboten über das Design an.

Insbesondere bei Premiumangeboten ist das Design bereits ein fest integrierter Strategiebestandteil, um sich von der Masse abzuheben und einen einzigartigen Stellenwert in den Köpfen der Kunden zu sichern, zum Beispiel bei Automobilen von *Rolls-Royce,* Uhren von *Rolex* oder Taschen von *Louis Vuitton.*

Verpackung

Die Verpackung eines Angebots ist keine bloße »Hülle«, sondern erfüllt zusätzlich eine Vielzahl von Funktionen wie Schutz, Präsentation oder Zusatznutzen.

Zum Schutz vor Umwelteinflüssen und Beschädigungen wird eine Umgebung geschaffen, in der das Produkt keinen Schaden nehmen kann, sei es durch Temperaturschwankungen oder Verschmutzungen. Viele Konsum- und Verbrauchsgüter können ohne geeignete Verpackungen nicht gelagert, verteilt oder verkauft werden, wie zum Beispiel Milch, Butter oder Reis. Zum anderen gibt es auch den Schutz der Umgebung vor Schädigung durch das Produkt selbst, zum Beispiel bei Gefahrgut.

Das Angebotsäußere ist ein wichtiges Instrument der Verkaufsfunktion. Insbesondere bei nicht formfesten Angeboten (etwa Haarspray, Zahncreme oder Parfüm) kommt der Verpackung eine entscheidende Rolle im Rahmen der Gestaltung des Angebotsäußeren zu. Die Verpackungsgestaltung ist sehr komplex, da von ihr unterschiedliche Wirkungen ausgehen. Neben der Funktion als Werbeträger hat die Verpackung die Aufgabe, durch Aufmachung und Design das Angebot im Regal von den Angeboten der Wettbewerber abzuheben und Aufmerksamkeit zu erregen.

Sie hat im Rahmen der Verkaufsfunktion auch noch einen kommunikativen Zweck. Sie dient der Vermittlung von Angebotsinformationen (zum Beispiel Gebrauchsanweisung und Verfallsdatum).

Unter Zusatznutzenfunktionen werden beispielsweise Zubereitungsanleitungen (etwa *Maggi*-Kochrezepte) und Möglichkeiten der Weiterverwendung (zum Beispiel Senfgläser) verstanden. Sie können auch eine soziale Komponente beinhalten, wie etwa bei *Dallmayr*-Tüten, deren Gebrauch als Einkaufstasche als besonders schick gilt.

Die ökologische Funktion einer Verpackung orientiert sich an der Umweltverträglichkeit. Dazu gehören unter anderem Recycling (zum Beispiel Pappe) und Mehrfachnutzung (etwa Getränkekisten, Eierkartons).

Unter der logistischen Funktion werden Schutz und Sicherung beim Transport sowie Gewährleistung der Stapelfähigkeit verstanden. Dies geschieht in Form einer Mengendimensionierung, etwa einer Palette, eines Gebindes oder anderer Verkaufseinheiten.

Grundsätzlich ist darauf zu achten, dass die Verpackung mit ihrem Inhalt harmoniert. Ein Parfümflakon oder Tetrapack eignet sich zum Beispiel nicht als Likörflasche. Der Kunde muss anhand der Verpackung das Angebot eindeutig erkennen können.

Angebotsziele

Angebotsziele beinhalten zukünftig zu erstrebende Zustände bezüglich des Angebots beziehungsweise Angebotsportfolios und gehören den Marketingzielen an. Dazu zählen:

- Wachstumssicherung: Umsatzwachstum, Gewinnwachstum, Kapitalwachstum;
- Gewinn: Erreichung eines bestimmten Deckungsbeitrages, Erreichung einer bestimmten Kapitalrentabilität;
- Steigerung des Goodwills (Firmenwert): Marktführerschaft im Sinne technologischer Überlegenheit, Aufbau eines Produkt- beziehungsweise Markenimages;
- Verbesserung der Wettbewerbsposition: Marktanteilsteigerung, Qualitätsführerschaft;
- Risikostreuung und Sicherheitsstreben: Gewinnung eines breiteren Kundenkreises, saisonaler und konjunktureller Beschäftigungsausgleich;
- Auslastung freier Kapazitäten: Fertigungskapazität, Marketing-»Kapazität«;
- Rationalisierung des Produktionsprozesses: insbesondere Nutzung von Synergieeffekten.

Die Entwicklung neuer Angebote

Im Rahmen der Angebotspolitik liegt ein besonderes Augenmerk auf der Planung neuer Angebote. Sie gliedert sich in acht zentrale Phasen:

In der ersten Phase, der (1) Ideengewinnung, werden zunächst neue Ideen im externen Umfeld (Marktforschung) sowie unter Mitarbeitern (Kreativitätstechniken) gesammelt.

Bei der (2) Ideenvorauswahl werden die Ideen nach ihrem Realisierungsgrad bewertet und gegliedert. Die Realisierbarkeit im Hinblick auf die Ziel-, Strategie- und Ressourcenkonformität steht dabei im Vordergrund.

In der Phase der (3) Konzeptentwicklung und -erprobung wird analysiert, welche alternativen Angebotskonzepte für den Kunden einen wahrnehmbaren Nutzen stiften und somit eine kaufentscheidende Rolle spielen.

Im nächsten Schritt wird die (4) vorläufige Marketingstrategie entwickelt. Dies bedeutet, erste strategisch langfristige Überlegungen bezüglich Preis, Distribution und Verkaufsförderung anzustellen. Es gilt zu prüfen, ob diese Marketingstrategie finanziell tragbar ist.

Die (5) Wirtschaftlichkeitsanalyse beinhaltet Markt- und Kostenanalysen. Hierbei wird überprüft, ob das neue Angebot erfolgreich zur Realisierung der Gewinnziele beitragen kann.

In der Phase der (6) Angebotsentwicklung werden Funktions-, Verbraucherakzeptanz- und Präferenztests durchgeführt, Markenentscheidungen getroffen und die Verpackung gestaltet. Mithilfe der im Vorfeld durchgeführten Tests soll geprüft werden, ob das Angebot in der Anwendung technisch zuverlässig und kommerziell erfolgversprechend ist.

Im Anschluss an die Produktion einer limitierten Stückzahl und die Aufstellung eines Werbekonzepts folgt die (7) Erprobung am Markt. Dieser Markttest soll Aufschluss über das Angebot hinsichtlich der Ab- und Umsätze (Entsprechen diese den Erwartungen?) und der eventuell erforderlichen Modifikationen (Muss das Angebot verbessert werden?) geben.

Im letzten Schritt folgt die eigentliche (8) Markteinführung. Nach Schaffung von Produktionsstätten und -kapazitäten folgt die Produktion und Distribution. Es wird erneut geprüft, ob eine dauerhafte Nachfrage besteht.

Es gilt zu berücksichtigen, dass in der Neuproduktplanung ein hohes »Floprisiko« besteht. Etwa 70 Prozent aller Angebote scheitern in einer der acht Phasen und werden erst gar nicht am Markt eingeführt.

Innovation, Differenzierung und Weiterentwicklung

Zur Erhaltung der Wettbewerbsfähigkeit und des langfristigen Überlebens des Unternehmens ist es zwingend erforderlich, das Angebotsprogramm ständig zu erweitern, zu modifizieren, zu diversifizieren oder einzelne Angebote zu eliminieren. Da der Lebenszyklus der Angebote mitunter von programmpolitischen Entscheidungen abhängig ist, muss entschieden werden, zu welchem Zeitpunkt ein Produkt neu eingeführt, »überarbeitet« oder aus dem Programm genommen wird.

Ziel ist eine ausgewogene Gestaltung des Angebotsprogramms unter Berücksichtigung der Einrichtung einer so genannten Produkt-Pipeline. Einer Überalterung des Programms beziehungsweise Sortiments kann damit vorgebeugt werden.

Im Rahmen programmpolitischer Entscheidungen sind außerdem die Aktivitäten der Wettbewerber, Umwelteinflüsse, Entwicklungen auf den jeweiligen Märkten sowie die innerbetriebliche Wirtschaftlichkeit zu berücksichtigen. Eine weitere Überlegung ist die der Eigen- oder Fremdfertigung (make or buy). Diese stellt sich besonders dann, wenn die Eigenfertigung aus Ressourcen- und/oder Kostengründen aufwändig ist.

Innovationen stellen die Aufnahme neuer Angebote in das Programm/Sortiment eines Unternehmens dar. Dabei kann es sich um Durchbruchsinnovationen (zum Beispiel Airbag) oder Scheininnovationen handeln. Dabei wird nur ein vorhandenes Produkt am Markt nachgeahmt (so genannte »Me-too«-Angebote). Innovationen sichern die langfristige Überlebensfähigkeit des Unternehmens.

Der Oberbegriff für Angebotsveränderungen ist die Angebotsmodifikation. Dieser umfasst die Angebotsvariation und -differenzierung.

Von Angebotsdifferenzierungen wird gesprochen, wenn bestehende Angebote um neue ergänzt werden. Dadurch erfolgt eine Erweiterung der Angebotstiefe. Zum Beispiel wird in einem Kurprogramm künftig neben den Kuren »Thermal« und »Beauty« nun auch eine Kur »Allgemeinmedizin« angeboten.

Eine Angebotsvariation liegt vor, wenn nur noch das modifizierte Angebot zu erwerben ist, das heißt Nachfolgemodelle lösen ihre Vorgänger ab (*Golf 5* und *Golf 4*).

Eine weitere angebotspolitische Entscheidungsmöglichkeit stellt die Diversifikation dar. Diese beinhaltet die Bearbeitung eines neuen Markts mit neuen Angeboten, die zusätzlich in das Programm/Sortiment aufgenommen werden.

Eine heikle angebotspolitische Entscheidung ist bei der Angebotseliminierung zu treffen. Dies bedeutet die vollständige Aufgabe eines Angebots aus dem Programm/Sortiment. Dabei ist jedoch auf bestehende Verbundeffekte zu achten, die Auswirkungen auf andere Angebote des Unternehmens, auf das Image oder den Markt haben können.

Kundenindividuelle Massenfertigung

Der englischsprachige Begriff der Mass-Customization kann als kundenindividuelle Massenproduktion übersetzt werden. Er beschreibt die Produktion von Gütern und Leistungen für einen »relativ« großen Absatzmarkt, welche zugleich die unterschiedlichen Bedürfnisse jedes einzelnen Nachfragers dieser Produkte trifft. Und zwar zu Kosten, die ungefähr denen einer massenhaften Fertigung vergleichbarer Standardgüter entsprechen. Die Informationen, die im Zuge des Individualisierungsprozesses erhoben werden, dienen dem Aufbau einer dauerhaften, individuellen Beziehung zu jedem Abnehmer.

Die Strategie der Mass-Customization beinhaltet die Umsetzung der kundenindividuellen Massenfertigung durch ein Angebot von Kombinationsmöglichkeiten aus verschiedenen Modulen oder Bausteinen, aus denen das gewünschte Produkt zusammengestellt werden kann. Der Kunde gibt seine Präferenzen an, aufgrund derer eine individuelle Fertigung erfolgt.

Ein typisches Beispiel ist die Produktion der bekannten amerikanischen Jeansmarke *Levi Strauss*, die kundenindividuelle Wünsche bei der Massenfertigung berücksichtigt:

Beispielsweise ist die Passform bei Damenhosen ein schwieriges Terrain, bei dem dementsprechend auch kundenindividuell vorgegangen wird. Zunächst werden Farb- und Stoffwünsche sowie die Maße für die Passform durch eine spezielle Touch-Screen-Technologie erfasst. Diese Daten werden per Intranet an die Fabrikationsstätten übermittelt. Nach circa zwölf Tagen erfolgt die Auslieferung der individuell gefertigten Jeans.

Bei dieser Grundsatzstrategie kann die 80/20-Regel Anwendung finden (Pareto-Prinzip). Wird sie beispielsweise bei der Herstellung von Hand-

Abbildung 22: Kundencharakteristika der Mass-Customization

Kundencharakteristika	ja	nein
Sie haben die Möglichkeit, Ihre Kunden kostengünstig zu erreichen.		
Die Bedürfnisse und Wünsche einzelner Kunden und Ihr eigener Anspruch an ein Produkt sind von Kunde zu Kunde unterschiedlich.		
Ihre Kunden bevorzugen Produkte, die genau ihren Vorstellungen entsprechen.		
Ihre Kunden haben schon in der Vergangenheit nach dem Kaufprozess Ihr Produkt individualisiert.		
Die Kunden akzeptieren für individuell gefertigte Produkte längere Lieferzeiten.		
Ein auf den Abnehmer »zugeschnittenes« Produkt bietet die Chance, Kunden zu erreichen, die bislang das Produkt gemieden haben.		
Sie können durch das Anbieten individueller Produkte die Präferenzstrukturen der (potenziellen) Kunden in Richtung Ihrer Produkte verschieben.		
Ein Wechsel von Konkurrenzprodukten zu Ihren Produkten funktioniert ohne größeren Aufwand und erhöhte Preise.		
Ihre Kunden sind teilweise bereit, für eine Spezialanfertigung extra zu zahlen.		

taschen angewendet, könnte die Grundausstattung des Produkts zu 80 Prozent standardisiert sein und zu 20 Prozent an individuelle länderspezifische Bedürfnisse (zum Beispiel Aufnäher) angepasst werden.

Die Voraussetzungen und Erfolgsfaktoren für Mass-Customization können durch eine Reihe von Faktoren beschrieben werden. Beispielhaft ist in Abbildung 22 eine Checkliste in Anlehnung an Piller beschrieben, die Unternehmen die Möglichkeit bietet, die Charakteristika der Kunden genau zu durchleuchten.

Zusammenfassung und Fazit

Die Angebotspolitik umfasst alle Entscheidungen, die mit der Gestaltung des Angebots eines Unternehmens einhergehen. Einen wichtigen Teilbereich stellt die Planung neuer Angebote dar. Um am Markt bestehen zu können, benötigt das Unternehmen neue Angebote, durch die es sich vom Wettbewerb differenzieren kann. Die Programm- und Sortimentsgestaltung umfasst die optimale Kombination verschiedener Angebote eines Unternehmens (Angebotsportfolio). Ein weiterer wichtiger Aspekt der Angebotspolitik ist das Qualitätsmanagement, da die Qualität in Zeiten steigender Wettbewerbsintensität eine wichtige Möglichkeit zur Generierung von Wettbewerbsvorteilen darstellt. Die Markenpolitik wiederum dient dazu, einem Angebot eine eigene Persönlichkeit zu verschaffen. Diese soll im Bewusstsein der Kunden verankert werden und kaufentscheidend sein. Darüber hinaus ist eine Differenzierung gegenüber dem Wettbewerb über das Design und die Verpackung von Angeboten möglich. Schließlich ist Mass-Customization ein Instrument, um Kunden abseits von standardisierten Produkten individuell bedienen zu können.

Profilieren Sie sich durch Kundenservice

In diesem Abschnitt werden folgende Themen behandelt:

▶ Servicepolitik
▶ Kundendienst
▶ Sonstige Serviceleistungen

Service ist heute immer noch ein Begriff, der in vielen deutschen Unternehmen wenig Zuspruch findet. Es wird nicht von ungefähr von der »Servicewüste Deutschland« gesprochen. Dabei »ernährt« sich die deutsche Volkswirtschaft immer mehr durch die Erbringung von Dienstleistungen und nicht mehr durch die Produktion von Gütern. Die Befriedigung von Kundenbedürfnissen, das Angebot von Problemlösungen und der »Dienst am Kunden« rücken infolge zunehmender Konkurrenz immer mehr ins Blickfeld marktorientierter Unternehmensführung. Der Kunde soll begeistert werden. Voraussetzung hierfür ist aber, sich von der Konkurrenz abzugrenzen und gleichzeitig besser als sie zu sein. Es wird hier von »Uniqueness«, also Einzigartigkeit, gesprochen. Ein Mittel der Abgrenzung besteht in einer konsequenten Service- beziehungsweise Leistungspolitik.

Per Definition sind »Leistungen und Service« die Maßnahmen, Zugaben und Handlungen, die über das eigentliche Kernprodukt beziehungsweise die Kernleistung hinausgehen. Sie dienen zwar nur der Ergänzung eines Produkts, können aber aus dieser Position heraus eine wesentliche Rolle für die Kaufentscheidung des Kunden spielen. Demzufolge ist es mit dem alleinigen Verkauf des Produkts noch nicht getan. Zum Beispiel muss bei der telefonischen Bestellung einer Pizza der Anfahrtsweg nicht berechnet werden, oder es wird ab einem bestimmten Bestellwert ein Getränk beigelegt. Es gibt es eine Vielzahl an Serviceleistungen, die ein Unternehmen anbieten kann, Nutzen und Zielsetzung gehen aber grundsätzlich in eine Richtung.

Welche Möglichkeiten bietet Kundenservice?

Mit der Servicepolitik lassen sich verschiedene Ziele erreichen, die sich vorwiegend auf zwei Ebenen abspielen. Zum einen sind dies ökonomische Ziele wie Umsatzsteigerung oder Kostenreduzierung, da Serviceleistungen nicht zwangsläufig auch kostenlos angeboten werden müssen. Zum anderen sind es vor allem psychografische Ziele. Kundenbindung ist die entscheidende Zielgröße, aus der sich zukünftige Steigerungen von Erträgen generieren lassen. Der Profit kann dabei über den Lebenszyklus des Kunden anwachsen, ähnlich dem Customer-Lifetime-Value-Konzept. Die Generierung des Ertrags kann dabei auf unterschiedliche Art und Weise erfolgen. Das nachfolgende Beispiel zeigt nur einen der möglichen Wege auf:

Das Sportfachgeschäft *Sport und Fun*, das sportartspezifische Ausrüstungen wie zum Beispiel Skier anbietet, erzielt mit dem täglichen Kundengeschäft einen Basisprofit. Dies kann beispielsweise der Verkauf einer kompletten Skiausrüstung sein. Nachfolgend erwirbt der Kunde weitere Angebote wie Rucksack und Bekleidung. Die dritte Profitart innerhalb der Kundenbindung sind die reduzierten Kosten, die durch den Kunden ermöglicht werden. Hiermit ist gemeint, dass etwa keine Akquisitionskosten für diesen Kunden mehr anfallen, da er schon über einen längeren Zeitraum dem Einzelhandelsgeschäft treu ist. Darauf aufbauend kann er auch Empfehlungen in seinem Bekanntenkreis geben, die dem Geschäft zusätzliche Umsätze generieren. Hierdurch wird der Kunde zum Botschafter des Geschäfts. Gegebenenfalls können ihm sogar gesteigerte Preise zugemutet werden, die der treue Kunde zu zahlen bereit ist. Diese Profitart sollte jedoch nicht überstrapaziert werden, um ihn nicht zu verärgern und womöglich an Konkurrenzunternehmen zu verlieren.

Zu beachten sind die Kosten, die bei der Akquisition von Neukunden entstehen. Sie fallen nur einmal an und amortisieren sich im Lauf der Zeit, das heißt je länger die Kundenbeziehung andauert, desto höher wird der Gewinn ausfallen. Insofern zielen Leistung und Service auf den Gewinn durch Kundenzufriedenheit und dadurch langfristige Kundenbindung ab.

Service – vor, während und nach dem Kauf

Gemeinsames Ziel von allen Serviceleistungen ist, eine langfristige Kundenbindung aufzubauen, was in vier Schritten, den vier INs, vonstatten gehen kann.

- Information: Wer sind meine Kunden, was kann ich von ihnen lernen und wie muss ich sie verstehen?
- Individualisierung: Wie kann ich meine Kunden individuell ansprechen und beraten?
- Interaktion: Biete ich meinen Kunden die Möglichkeit, ihr Kauferlebnis zu gestalten? Haben sie Einflussmöglichkeiten auf die Produktgestaltung? Deckt sich mein Angebot mit den gewünschten Problemlösungen?
- Integration: Wie fördere ich die Gemeinschaft der Kunden?

Es existieren in erster Linie zwei Komponenten der Servicepolitik, der Kundendienst und sonstige Serviceleistungen.

Kundendienst

Kundendienst stellt eine Dienstleistung dar, die direkt am Kunden erbracht wird. Dessen Wünsche werden dabei in Form von direkten Handlungen, Aktionen und Maßnahmen umgesetzt. Als Ergänzung zum reinen Produkt bietet das Unternehmen dem Kunden einen Zusatznutzen. Auch wenn heutzutage nahezu jeder Anbieter von Problemlösungen mit einem höherem Grad an Komplexität (zum Beispiel PC oder Auto) einen Kundendienst anbietet, können hier qualitative Unterschiede sehr wohl ein Abgrenzungsmerkmal zu den Wettbewerbern bedeuten. Qualitative Kriterien sind zum Beispiel Schnelligkeit, Genauigkeit und letztendlich die Kundenzufriedenheit. Der Kundendienst beziehungsweise Service im Allgemeinen schafft ein Vertrauensverhältnis zwischen Kunden und Unternehmen und damit die Basis für eine langfristige Kundenbeziehung. Zudem entsteht beim Kunden Markentreue sowie ein positives Unternehmensimage. Kundendienst kann auf technischer und auf kaufmännischer Ebene angeboten werden:

Der technische Kundendienst umfasst die Gewährleistung oder die Wiederherstellung der einwandfreien Funktion des Angebots (Inspektions-, Wartungs- und Reparaturarbeiten sowie die Versorgung mit Einzelteilen). Zur Wahrnehmung dieser Aufgabengebiete kann ein Kundendienstteam in das jeweilige Unternehmen integriert werden. Die Durchführung des technischen Kundendienstes kann sowohl von Herstellerseite als auch von Händlerseite erfolgen. Wichtig ist, dass im Sinne des Kundenbindungsziels einheitliche Standards definiert, umgesetzt und kontrolliert werden. Das funktioniert über einen einheitlichen Auftritt (bezüglich Kleidung, Werkzeugen und Kommunikation), gleiche Qualitätsstandards (Definition von Mindeststandards und -abläufen) sowie regelmäßige Schulungen der Kundendiensteinheiten und Testkontrollen.

Der kaufmännische Kundendienst ist für Servicedienste wie Beratung, Information und Zustellung zuständig. Hier werden Zusatzleistungen angeboten, die auf die Wünsche und Bedürfnisse des Kunden zugeschnitten sind. Der kaufmännische Kundendienst ist für den Kauf des Produkts oder der Dienstleistung entscheidungsunterstützend, indem er vor allem Nutzen und Problemlösungen aufzeigt. Beispielsweise kann beim Verkauf einer Software eine Mitarbeiterschulung angeboten werden.

Der Kundendienst kann entweder im Angebotspreis enthalten sein oder extra berechnet werden. Bei Ersterem müssen die Kosten bereits bei der Preiskalkulation für das Angebot auf der Basis von Erfahrungswerten einkalkuliert werden. Eine getrennte Berechnung bietet sich an, wenn das Ausmaß der Nutzung des Kundendienstes nicht eindeutig abgeschätzt werden kann. Dies kann auf direkte oder auf indirekte Weise geschehen. Beispielsweise direkt bei Reparatur eines durch ein Tier beschädigten Autos und indirekt, wenn die eigentliche Kundenleistung kostenfrei ist, aber das verwendete Material eine Extrazahlung erfordert. Zudem kann das Entgelt pauschal oder teilpauschal entrichtet werden.

Kundendienst ist nicht immer eine freiwillige Dienstleistung. In diesem Fall wird von einer Muss-Leistung (etwa die Gewährleistung von Garantien) gesprochen. Eine Soll-Leistung ist aus Kundensicht zwar notwendig, aber nicht absolut verbindlich, wie beispielsweise bei Sicherheitsprüfungen, Installationen, Bereitschafts- und Notfalldiensten. Von einer Kann-Leistung spricht man, wenn die Zusatzleistung tatsächlich nur auf freiwilliger Basis erfolgt (zum Beispiel Kundendienstvertrag oder Kundenschulung).

Der Kundendienst kann auch anhand der zeitlichen Struktur des Kaufprozesses untersucht werden. Bereits vor dem Kauf (Pre-Sales) kann der

Kundendienst gemäß den vier INs dem Kunden genügend Informationen an die Hand geben, welche die Kaufentscheidung positiv beeinflussen. Zusätzlich kann er kleinere Serviceleistungen wie zum Beispiel das Bereitstellen von Do-It-Yourself-Anleitungen für Heimwerker anbieten. Ein möglicher Kundendienst während des Kaufs (At-Sales) ist die Bereitstellung von Kundenterminals zur elektronischen Begleichung des Kaufpreises durch Kartenzahlung. Nach dem Kauf (After-Sales) sind Wartungs- und Reparaturmaßnahmen typische Kundendienstleistungen. Konsequenter Kundendienst festigt also das Vertrauensverhältnis beziehungsweise baut eine Kundenbeziehung auf und kann insofern das entscheidende Argument zum Kauf eines Angebots sein.

Sonstige Serviceleistungen

Serviceleistungen umfassen ein weiteres Spektrum als nur den Kundendienst an sich. Auch indirekte Handlungen, Maßnahmen und Leistungen, die nicht durch eine spezielle Geschäftseinheit des Unternehmens erbracht werden, gehören dazu. Beispielsweise wird einem Kunden beim Autokauf gleichzeitig eine Versicherung angeboten. Auch das Cross-Selling wird oft als Serviceleistung bezeichnet. Cross-Selling bedeutet, dass einem Kunden neben seinem eigentlichen Kauf weitere zusätzliche Angebote verkauft werden. Im Finanzdienstleistungsgewerbe ist Cross-Selling eine weit verbreitete Verkaufsstrategie: Hier sind unter anderem Reiseauslandsversicherung, Online- oder Telefon-Banking zu nennen.

Serviceleistungen spielen vor allem deshalb eine Rolle, da immer mehr Angebote von den Kunden als vergleichbar und austauschbar wahrgenommen werden. Vor dem Hintergrund sich ständig verändernder Kundenpräferenzen bedürfen Serviceleistungen einer kontinuierlichen Anpassung.

Hinsichtlich der zu erfüllenden Funktionen von Zusatzleistungen kann die folgende Differenzierung vorgenommen werden: Es wird unterschieden zwischen obligatorischen Zusatzleistungen (zum Beispiel die Gewährung einer Garantieleistung), unmittelbar freiwilligen Dienstleistungen, die keine notwendigen Bestandteile der eigentlichen Leistung sind (etwa der Verleih einer kompletten Skiausrüstung), und mittelbar freiwilligen Dienstleistungen, die in keinem Zusammenhang mit der eigentlichen Leistung stehen (etwa die Möglichkeit der Online-Anmeldung).

Abbildung 23: Leistungsdimensionen zu unterschiedlichen Zeitpunkten

Zeitpunkt / Stufe	Vor Inanspruchnahme der Leistung	Während Inanspruchnahme der Leistung	Nach Inanspruchnahme der Leistung
Potenzial	Reservierung eines Seminars	Getränke- und Essensservice während des Seminars	Möglichkeit zur Anmeldung für weitere Seminare
Prozess	Anfahrtsbeschreibung zum Seminarort	Individuelle Beratung in den Pausen	Möglichkeit eines Shuttle-Services zum Flughafen oder Bahnhof
Ergebnis	Infoveranstaltung über das Seminar	Regelmäßige Lernerfolgskontrollen	Überreichung eines Zertifikats

In der Praxis hat sich gezeigt, dass für eine Stärkung der Kundenbindung neben den obligatorischen Zusatzleistungen vor allem Mischformen aus unmittelbar und mittelbar freiwilligen Dienstleistungen erfolgversprechend sind. Ansatzpunkte hierfür sind drei verschiedene Leistungsstufen (Potenzial, Prozess, Ergebnis), die in Abbildung 23 verdeutlicht sind.

Bei einer Einteilung von Zusatzleistungen können Dienstleister unterschiedliche Leistungs- beziehungsweise Preispakete erstellen. Hier wird von verschiedenen Formen der Preisbündelung gesprochen:

- Unbundling: Die Serviceleistung enthält nur die ursprüngliche Leistung und verpflichtend ergänzende Leistungen (= Kernangebot).
- Pure-Bundling: Unmittelbar freiwillige und unter Umständen auch mittelbar freiwillige Leistungen werden mit dem Kernangebot zu einem Leistungspaket zusammengefügt.
- Mixed-Bundling: Bestimmte Leistungspakete können durch individuell wählbare Zusatzleistungen ergänzt werden.

Die Paketerstellung bietet eine Möglichkeit, sich vom Preiswettbewerb zu einem gewissen Grad zu befreien, da sich Servicepakete nur schwierig mit denen der Wettbewerber vergleichen lassen. Zudem können durch individuelle Servicepakete individuelle Kundenwünsche befriedigt werden.

Zusammenfassung und Fazit

Leistung und Service gewinnen für die Erlangung eines Wettbewerbsvorteils stetig an Bedeutung. Die Begründung liegt in der gestiegenen Wettbewerbsintensität, heterogenen Kundenpräferenzen und zunehmend homogeneren Angeboten. Die Positionierung ist auch in diesem Bereich für den Erfolg des Unternehmens ausschlaggebend. Ein umfassendes Wissen über das Kaufverhalten von Kunden ist für den Einsatz geeigneter Maßnahmen unerlässlich. Dabei entscheiden oftmals Kleinigkeiten über Kauf oder Nichtkauf. Insofern kann ein effizientes Serviceangebot derartige Entscheidungen unterstützen. Genauso sollte der Wettbewerb ständig beobachtet werden, um ein reales und wirkungsvolles Alleinstellungsmerkmal aufzubauen, weiterzuentwickeln und zu sichern.

Die Kundenbedürfnisse bestimmen direkt den Grad der Leistungs- und Serviceerbringung. Aber auch heute noch existieren in der »Servicewüste« Deutschland Unternehmen, die Antiservice bieten (nach Geffroy: *Das Einzige, was stört, ist der Kunde*). Im Discount-Einzelhandel hat sich aufgrund des Kosteneinsparpotenzials eine Null-Service-Strategie entwickelt. Bei positiven Strategien sollte zumindest ein Standard- oder Normalservice angeboten werden (zum Beispiel Einpacken einer Flasche in einer Weinhandlung durch die Verkäuferin). Das erklärte Ziel der Kundenbegeisterung kann allerdings nur durch Extraservice erreicht werden. Der Kunde avanciert erst dann zum Botschafter des Unternehmens, wenn er von »Leistung und Service« des Unternehmens schwärmen kann, wenn er etwa in einem Fischrestaurant, in dem er gut gegessen hat, zusätzlich vom Personal über die Herkunft des Fisches aufgeklärt wird. Absoluter Premiumservice ist zwar keine Garantie für Kundenbegeisterung, da die Zielgruppen für ihr Geld genau das erwarten, sorgt aber trotzdem dafür, dass Loyalität zum Unternehmen aufgebaut wird (zum Beispiel ein persönlicher Butler im Sechssternehotel in Dubai).

Beteiligen Sie den Kunden an der Preisbestimmung

In diesem Abschnitt werden folgende Themen behandelt:

▶ Kundenindividuelle Preisfindung
▶ Preisspielräume
▶ Wertorientierte Preisbestimmung
▶ Preis als Kundenbindungsinstrument

Preispolitik steht für die Bestimmung der optimalen Preisforderung. Sie folgt den unternehmerischen Zielsetzungen unter Berücksichtigung der Marktsituation, insbesondere der Zahlungsbereitschaft der anzusprechenden Zielgruppen. Die Preispolitik entscheidet über Erfolg oder Misserfolg eines Produkts. Der Faktor Preis ist abhängig von den Variablen

- Unternehmensziel (zum Beispiel Umsatzsteigerung),
- Marktstruktur (etwa Wettbewerbssituation),
- Zahlungsbereitschaft der Kunden (zum Beispiel Endverbraucher).

Somit unterliegt die Preispolitik verschiedenen Kräften, die sowohl durch externe Faktoren (Kunden, Wettbewerber, Markteintritt) als auch durch interne Faktoren (Kostenstruktur, Produktionszeitraum und -kapazität) beeinflusst werden.

Um sich erfolgreich auf Märkten zu etablieren und zu bewegen, muss der Anbieter sowohl die externen als auch die internen Faktoren kennen und wissen, welches »Verhalten« er aus diesen Informationen ableiten muss. Dies erfordert bereits in der Phase der Produktentwicklung exakte Marktkenntnisse, die durch die Marktforschung und die richtige Auswertung der erhobenen Daten erlangt werden.

Interne Einflüsse können sich auf die Marketingziele, den ALPEN-

Mix, die unternehmensspezifischen Kosten, die Organisation und die Kapazitäten (Produktion/Logistik) beziehen.

Externe Einflüsse schränken zunehmend den Handlungsspielraum der Unternehmen ein. Ausschlaggebend für die Preispolitik sind die Begebenheiten am Markt und der Zeitpunkt des eigenen Markteintritts, das heißt die Organisation und Struktur des Markts sowie die Anzahl der Mitbewerber. Die Bestimmung des »richtigen« Preises ist abhängig von der Konkurrenzstruktur (Monopol = ein alleiniger Anbieter, Duopol = zwei dominierende Anbieter, Oligopol = wenige Anbieter, Polypol = viele Anbieter), die auch durch staatliche Beschränkungen oder Auflagen beeinflusst wird (zum Beispiel Kartellrecht). Der Zeitpunkt des Markteintritts ist von großer Bedeutung für die Preisstrategie. Es ist ein Unterschied, ob das Unternehmen den Markt erschlossen hat oder Marktfolger (»Metoo«-Strategie) ist und somit seine Strategie an die Stellung im Markt anpassen muss.

Des Weiteren können bestehende staatliche Vorschriften, wie Mindestoder Höchstpreise und das Verbot von Dumping, die Preise beeinflussen.

Auch das Nachfrageverhalten der Zielgruppe darf nicht vernachlässigt werden. Ausschlaggebend für die Preisfindung und somit auch für das Kaufverhalten sind bestimmte Faktoren wie die Preisvorstellung, die Zahlungsbereitschaft, die Preiswahrnehmung, das Preisimage (Qualitätsbezug des Produkts) und das Selbstimage (Snob-Effekt: Ein Porsche muss teuer sein, um als Statussymbol fungieren zu können).

Was kann mit kundenindividueller Preisfindung erreicht werden?

Preispolitische Ziele können entweder markt- oder unternehmensgerichtet sein. Bei einer auf den Markt ausgerichteten Preispolitik ist das Unternehmen bestrebt, den optimalen Marktpreis zu finden. Dieser soll gewährleisten, dass sich der Anbieter langfristig auf dem Markt etabliert. Bei marktgerichteten preispolitischen Zielen liegt der Fokus eines Anbieters auf den Determinanten des Markts, der Konkurrenz, dem eigenen Unternehmen und insbesondere den Kunden. Letztere repräsentieren das langfristige Kapital eines jeden Anbieters. Ziel ist es, Neukunden zu gewinnen und diese langfristig zu binden. Die Kunden können entweder Erstkäufer oder von der Konkurrenz abgeworben worden sein. Kunden können durch die Erschließung neuer Segmente hinzugewonnen werden.

Unternehmensgerichtete Preispolitik passt die Marktpreise sowohl an die eigenen Ansprüche und Werte an als auch an die soziale Verantwortung gegenüber den Mitarbeitern. Diese kann sich in Vollbeschäftigung, Arbeitsplatzsicherung und Verwirklichung einer optimalen Kostensituation ausdrücken. Unterschiedliche Preise rufen unterschiedliche Reaktionen hervor, die im Zuge der Kostenminimierung zu angepassten Ausbringungsmengen und somit zu variierenden Auslastungen der Maschinen führen. Folglich verändert sich das Beschäftigungsniveau in Abhängigkeit von der Ausbringungsmenge und wirkt sich somit auf die Arbeitsplatzsicherung aus.

Ziel ist die Verwirklichung einer optimalen Kostensituation, die sowohl durch günstige Zulieferer als auch durch Fixkosten-Degression bei großen Ausbringungsmengen realisiert werden kann.

Der Preis als Ausgangspunkt

Der Preis einer Leistung steht in Relation zum Nutzen und soll den »Wert« ausdrücken. Interessant wird es, wenn es bei der Preisfindung zum Problem der unterschiedlichen Kundenpräferenzen, die einem bestimmten Nutzen einen unterschiedlichen Wert und somit auch einen »anderen« Preis zuordnen, kommt. Somit ist die Frage zu beantworten, ob ein höherer Preis einen höheren Nutzen rechtfertigt. Der Wert für den Konsumenten ist die Differenz aus Nutzen und Kosten.

Beispielsweise überlegt eine Angestellte vor dem Kauf eines neuen Mittelklasse-Pkw, ob ihr der höhere Preis eines Dieselfahrzeugs im Vergleich zum Benziner mehr Nutzen stiftet. Das Dieselmodell ist 1 200 Euro teurer als das Ottomodell. Es verbraucht aber für 2 Cent pro Kilometer weniger Treibstoff. Da sie im Jahr 20 000 Kilometer zurücklegt, errechnet sie letztlich einen deutlichen Kostenvorteil, der ihr einen größeren Nutzen bringt. Sie entscheidet sich somit für den Kauf eines neuen Dieselfahrzeugs.

Wichtig bei der Preisgestaltung ist letztendlich die Berücksichtigung der Fixkosten. Es muss stets gewährleistet sein, dass der anfallende Deckungsbeitrag erbracht wird. Jeder zusätzlich eingenommene Betrag stellt den Gewinn dar und kann je nach Vereinbarung mit den Kunden geteilt werden.

Preisspielräume ausnutzen

Preise sollten entsprechend dem Produktnutzen und der Zahlungsbereitschaft des Markts festgelegt werden. Am Markt existieren Unterschiede hinsichtlich der Wahrnehmung des Produktnutzens (individueller Nutzen) und der maximalen Zahlungsbereitschaft der Kunden in Abhängigkeit von der Konkurrenz.

Der Preis lässt sich nach Person, Zeit, Raum, Verwendungszweck, Menge sowie Produktvariation differenzieren.

In verschiedenen geografischen Gebieten werden für gleiche Produkte unterschiedliche Preise festgelegt (räumliche Differenzierung), meist in Abhängigkeit von der Marktsituation, das heißt von der Konkurrenzsituation und der Verfügbarkeit. So ist das Tanken an Autobahnraststätten generell teurer als in der Stadt, da die Zahlungsbereitschaft von Verbrauchern auf Autobahnraststätten durch das geringere Angebot an Tankmöglichkeiten deutlich höher einzuschätzen ist.

Die zeitliche Preisdifferenzierung zeigt sich etwa in dem Umstand, dass die Preise für Benzin üblicherweise zu Beginn der Schulferien in die Höhe schießen. Zusätzlich soll die schwankende Nachfrage durch Preisdifferenzierung kompensiert werden. Zu nennen sind hier beispielsweise Telefontarife (Wochenendtarife), Preise für Urlaubsreisen (Hauptsaison versus Nebensaison) oder Happy-Hour-Preise in Kneipen.

Darüber hinaus kann ein Unternehmen seine Preise anhand verschiedener Käufermerkmale wie Lebensalter (Seniorenpreise) oder beruflicher Situation (Schüler-/Studentenrabatte) personenspezifisch ausrichten.

Auch eine Preisdifferenzierung nach Produktvariationen kann sinnvoll sein, um unterschiedliche Kundengruppen anzusprechen und so einen höheren Absatz zu erwirken. Kleine Produktveränderungen, die einen Zusatznutzen liefern, führen zu unterschiedlichen und individuell bestimmbaren Produktvariationen. Beispiele sind Sonderausstattungen wie Metalliclackierung beim Automobil oder unterschiedliche Servicepakete.

Ein weiteres Instrument zur Preisdifferenzierung stellt die mengenmäßige Preisdifferenzierung dar. Sie kann zum einen Mengenrabatte (Rabattstaffeln) oder Mindermengenzuschläge beinhalten und zum anderen Bonusprogramme (Prämie) und Preispunkte (Treuepunkte) wie zum Beispiel *Miles and more* von *Lufthansa*. Schließlich wird bei der Preisdifferenzierung nach dem Verwendungszweck versucht, dem Umstand Rechnung zu tragen, dass Produkte zu verschiedenen Zwecken verwendet werden und somit auch einen unterschiedlichen Nutzen bringen. So variiert der Preis von Agrarprodukten nach ihrem Verwendungszweck: Viehfutter versus Lebensmittel.

Ein integriertes Beispiel zur Preisdifferenzierung ist der Besuch eines Kinos. Kinder und Jugendliche zahlen generell einen günstigeren Preis. Hier liegt eine Differenzierung nach Personen vor. Der zeitliche Aspekt bezieht sich in diesem Beispiel auf die verschiedenen Wochentage. So ist es üblich, dass die Eintrittspreise am Wochenende höher sind als unter der Woche. Die Eintrittspreise können regional variieren, dann liegt eine Differenzierung nach dem Raum vor. Des Weiteren ist für die Erstaufführung eines Kinofilms eine preisliche Unterscheidung nach dem Verwendungszweck möglich. Schulklassen können einen mengenmäßigen Rabatt für eine Filmvorstellung erhalten. Und Kunden bezahlen in der Regel einen Aufpreis für Filme mit Überlänge.

Ziel einer Preisdifferenzierung ist es, heterogene Marktverhältnisse und unterschiedliche Zahlungsbereitschaften von Kunden auszunutzen. Preisdifferenzierung dient zum einen der Kundengewinnung und langfristigen Kundenbindung, zum anderen einer effektiven Konkurrenzabwehr. Preisdifferenzierungen sind auch bei saisonal bedingten Absatzschwankungen sinnvoll. Einerseits, um den Gesamtnutzen und die Kapazitätsauslastung zu steigern (Vollbeschäftigung), und andererseits, um Lagerbestände abzubauen (zum Beispiel Sonderrabatte, Winterschlussverkauf).

Wertorientierte Preise bieten Erfolgspotenzial

Die »richtige« Preisfindung orientiert sich an den Kunden, den Mitbewerbern und an den Kosten. Der wichtigste Aspekt ist die Preisorientierung am Kunden, denn dieser gibt indirekt den Preis vor. Ein Unternehmen versucht herauszufinden, für welchen Preis ein Kunde bereit ist, ein Produkt oder eine Dienstleistung zu beziehen, und welcher Grundnutzen gewünscht wird. Zum Beispiel kann ein Automobilhändler einen potenziellen Käufer nach seinen persönlichen Interessen befragen, etwa welche Ausstattung sein zukünftiges Kraftfahrzeug vorweisen sollte, welche Farbe infrage kommt und welchen Preis der Kunde für seine Wünsche und Vorstellungen zu zahlen bereit ist.

Es wird von Unternehmensseite versucht, die »bestmögliche« Leistung anhand einer Kosten-Nutzen-Analyse zu ermitteln. Die japanischen Automobilhersteller beispielsweise handeln nach dieser Strategie und entwickeln ihre Autos nach dem tatsächlichen, für ihre Kunden wahrnehmbaren Nutzen. Die Japaner sind zwar nicht Technologieführer (teure Luftfederung bei deutschen Automobilen), sondern eher Preis-Nutzen/Leistungs-Führer, da sie günstigere Stahlfedern einbauen und diesen Kostenvorteil an ihre Kunden weitergeben. Der Federungskomfort ist für den Kunden jedoch nicht so stark wahrnehmbar wie der Preisunterschied. Zudem sind japanische Automobile statistisch gesehen weniger anfällig für Pannen. Resultat sind steigende Zulassungszahlen. Bei diesem Verfahren spricht man von kundenorientierter Preisfindung.

Der Preis als Kundenbindungsinstrument

Der Preis ist eines der effektivsten Instrumente im Marketing, das zur Steuerung der Kundenbindung eingesetzt werden kann. Die hierzu zur Verfügung stehenden Methoden sind mengenabhängiges Pricing, zeit- und loyalitätsabhängiges Pricing, Mehrprodukt-Pricing, Mehrpersonen-Pricing sowie Verträge und Garantien.

Mengenabhängiges Pricing

Anbieter können Mengen- oder Umsatzrabatte anbieten, wenn sie die Kunden zu einem antizyklischen Kaufverhalten veranlassen möchten. So kommt es dazu, dass Kunden während eines bestimmten Zeitraums mehr Produkte oder Dienstleistungen desselben Unternehmens kaufen als üblich. Beispielsweise bestellt sich eine Fußballmannschaft ihre Trikots von ein und demselben Händler und erhält aufgrund der großen Kaufmenge einen Rabatt.

Zeit- und loyalitätsabhängiges Pricing

Die Dauer einer Kundenbeziehung kann sich in der Praxis auf unterschiedliche Endpreise bei den Konsumenten auswirken. Beispielsweise erhält ein langjähriges loyales Mitglied eines Fitness-Studios bei der Eröffnung einer neuen Sauna vergünstigte Konditionen im Vergleich zu einem neuen Mitglied. Viele Unternehmen setzen in diesem Zusammenhang spezielle Bonusprogramme ein, um ihren Kunden einen Preisvorteil für ihre Treue zu bieten. Beispiel: Die Buchhandlung *Leseratte* verteilt an ihre Kunden eine Bonuskarte. Bei jedem Kauf ab 20 Euro erhält der Kunde einen Stempel. Ist die Karte vollständig bestempelt, erhält der Kunde beim nächsten Kauf eine Vergünstigung zu einem festgelegten Betrag.

Mehrprodukt-Pricing

Sollen Kunden dazu angeregt werden, viele verschiedene Produkte von einem Unternehmen zu kaufen, bietet sich die Methode der Preisbündelung zur Erhöhung der Kundenbindung an. Beispielsweise lassen sich zu einem Fast-Food-Menü zusätzliche Speisen günstiger als normalerweise erwerben. Die Konsumenten konzentrieren sich folglich nur auf ein Unternehmen, anstatt sich je nach Bedarf auf verschiedene Marktteilnehmer zu verteilen.

Mehrpersonen-Pricing

Diese Form des Preisnachlasses bezieht sich auf den Erwerb von einheitlichen Produkten oder Dienstleistungen durch mehrere Personen. Beispielsweise kann eine Bahnreisender zu bestimmten Zeiten den Inhaber einer Bahncard der *Deutschen Bahn* kostenfrei begleiten. Beide profitieren somit von einem günstigeren Preis.

Verträge und Garantien

Bei bestimmten Kontrakten kann der Preis über die Dauer der Vertragslaufzeit anpasst werden, indem dem Kunden etwa beim Telefonieren günstigere Konditionen angeboten werden. Preisgarantien innerhalb von Verträgen sollen für den Kunden einen günstigeren oder zumindest konstanten Preis für einen bestimmten Zeitraum gewährleisten. Die so genannte Meistbegünstigung innerhalb von Verträgen gibt dem Kunden die Sicherheit, den für ihn günstigsten Preis zu bekommen.

Zusammenfassung und Fazit

Die Preisfindung ist der effektivste Gewinntreiber eines Unternehmens. Zu oft wird diesem Stellhebel jedoch nicht genügend Aufmerksamkeit geschenkt und die Umsetzung der Preisstrategien mangels systematischer Analyse nicht nachhaltig gesichert. Erhebliche Gewinnpotenziale für das Unternehmen werden somit verschenkt.

Die vorgestellten Methoden einer Preisfindung zur Erhöhung der Kundenbindung sind nur dann effizient und erfolgreich, wenn sie hinreichend an die Zielgruppe kommuniziert werden. Die Informationsweitergabe stellt ein unverzichtbares Mittel im Marketing dar.

Grundsätzlich basieren die Preisentscheidungen auf zwei verschiedenen Tatbeständen: zum einen auf der Festlegung der Preise für neue Produkte und der Erschließung neuer Märkte (durch Einführung vorhandener Produkte). Zum anderen auf Preisänderungen als Reaktion auf neue Marktsituationen.

Vermitteln Sie Ihren Kunden ein Erlebnis

In diesem Abschnitt werden folgende Themen behandelt:

▶ Erfolgreiche Zielgruppenkommunikation
▶ Klassische Werbemaßnahmen
▶ Verkaufsförderung
▶ Public-Relations

»Alice kommt!« Mit diesem Slogan startete *HanseNet* seine Kampagne im April 2004. Dabei konzentrierte sich das Unternehmen vor allem auf den Raum Hamburg und Norddeutschland. Um die Zielgruppe der 18- bis 49-Jährigen gezielt anzusprechen, musste ein neuer Name gefunden werden, der die innere Blockade von Technikmuffeln lösen würde. *Alice* – kein Kunstname, sondern der einer Frau. Damit werden Emotionen verbunden! *HanseNet* übernahm die Marke vom Mutterkonzern *Telecom Italia*, entschied sich aber für die Erschaffung eines an die deutschen Gepflogenheiten angepassten Images.

Das Konzept sah mehrere Phasen vor: Bei der Markteinführung im April 2004 war auf Megaplakaten ein roter Ball abgebildet. Der Slogan »Alice kommt« erweckte Neugierde. Diese (Lock-)Phase kurbelte die gewünschte Mund-zu-Mund-Propaganda an, mit der Frage, für was da geworben wurde.

Als das Geheimnis gelüftet wurde, präsentierte das Unternehmen ein 18-jähriges Model. Mit diesem Werbesymbol werden moderne Kommunikationsmöglichkeiten auf eine innovative, aber authentische Art kommuniziert.

Das dunkelblonde DSL-Mädchen ist überall auf den Citylight-Postern, in Print-Anzeigen und in den Hörfunk-Spots präsent. Die gegenwärtige Kampagne »Alice. Die schönste Verbindung« verkörpert durch die optischen Reize und die roten Bänder, die rechts und links aus den Plakatmotiven herauslaufen und Gebäude oder einzelne Stockwerke miteinander verbinden, die Verbindung zwischen den Menschen.

Dieses Beispiel macht deutlich, dass die Kommunikationspolitik neben den anderen Instrumenten ein wichtiger Aspekt des Marketingmix ist. Dabei geht es vor allem um das Übermitteln von Informationen und Bedeutungsinhalten. Diese sollen die Meinungen, Verhaltensweisen und Erwartungen der Kunden beeinflussen. Ziel ist es, die Kunden von den Vorteilen der Angebote zu überzeugen und sie zum Kauf zu animieren.

Wie wird erfolgreich mit der Zielgruppe kommuniziert?

Der Kommunikationsprozess zwischen dem werbetreibenden Unternehmen und dem Kunden ist ein stetiger und dynamischer Prozess, der jederzeit vom Sender oder Empfänger begonnen, aber auch abgebrochen werden kann. Dieser Prozess beinhaltet unterschiedliche Phasen, die in Abbildung 24 dargestellt werden.

Der Sender ist in unserem Fall das werbetreibende Unternehmen. Es sendet den Empfängern eine bestimmte Botschaft über ein bestimmtes Medium (etwa Fernsehen, Rundfunk, Fax oder Brief). Die verschiedenen Medien lassen sich massengezielt oder auch spezifisch einsetzen. Im Vergleich zu den Massenmedien richtet sich die einzelgezielte Kommunikation nicht an eine größere Konsumentengruppe, sondern an einen bestimmten Personenkreis. Um sicherzustellen, dass wirklich nur der ausgewählte Empfänger die Botschaft empfängt, werden Botschaften im Kommunikationsprozess oft kodiert.

Als Beispiel für eine Kodierung sind Online-Marktplätze zu nennen. Im Business-to-Business-Bereich (B2B) müssen sich Käufer und Verkäufer jeweils per Kennwort und Passwort anmelden: der Verkäufer, um eine Ware oder Dienstleistung anbieten zu können, der Käufer, um das Angebot einsehen und gegebenenfalls bestimmte Transaktionen durchführen zu können.

Der Empfang einer Botschaft löst beim Empfänger grundsätzlich eine Reaktion (response) aus. Er könnte das Angebot direkt kaufen, er könnte aber auch weitere Fragen zu dem Angebot haben und mit dem Verkäufer

Abbildung 24: Einfaches Kommunikationsmodell

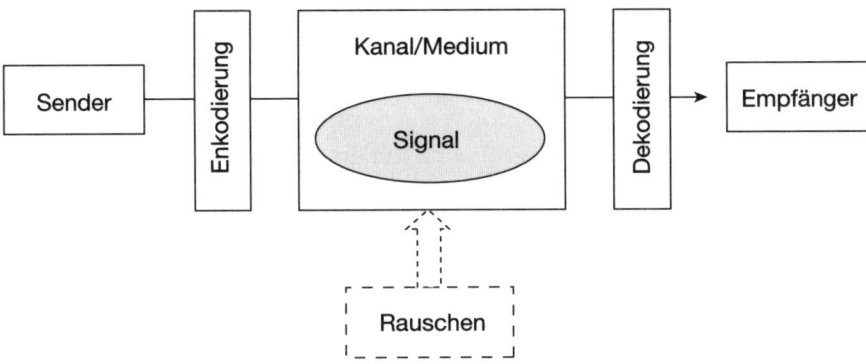

in Kontakt treten wollen. Dies ist die so genannte Rückkopplung (feedback).

Bei der Verschlüsselung, Übermittlung und Entschlüsselung kann es zu zahlreichen Störungen (noise) kommen. Das bedeutet, Kommunikationsziele werden nicht erreicht und die eigentlich erwartete Wirkung bleibt aus.

Formen von Störungen können konkurrierende (zum Beispiel Parteiwerbung im Wahlkampf) oder technische Erlebnisse (etwa eine schlechte Internetverbindung) sein. Des Weiteren lassen sich externe (Lärm auf der Straße während der Betrachtung eines Werbeplakats) und interne Störungen (Gedanken an den nächsten Termin, während im Radio die Werbung läuft) unterscheiden. All diese Störungen können die Aufmerksamkeit des Empfängers negativ beeinflussen.

Um eine Botschaft zu übermitteln, ist der Einsatz verschiedener Instrumente notwendig. Hierbei sind die Determinanten Reichweite, Kontaktqualität, Verfügbarkeit und Kosten zu berücksichtigen. Zum einen ist bei der Reichweite die physische Präsenz maßgebend. Das heißt, dass ein Fernsehspot in fast jedem deutschen Haushalt zu empfangen ist, während eine Werbeanzeige in einer Fachzeitschrift nur wenige Haushalte erreicht. Zum anderen ist der vom Werbetreibenden gewählte Zeitpunkt der Ausstrahlung oder der Erscheinung einer Werbeanzeige wichtig. So ist es sinnvoll, einen Werbespot für Eiscreme in der Sommerzeit und bei gutem Wetter zu schalten. Die Wahrscheinlichkeit, den Empfänger zu beeinflussen und bei ihm die Lust zum Eisessen zu wecken, ist im Sommer unbestritten größer als in den Wintermonaten.

Bei der Kontaktqualität müssen verschiedene Aspekte beachtet werden. Es kommt zuerst auf die Persönlichkeit an. Inwiefern ist der Empfänger in der Lage, eine Werbebotschaft richtig zu verstehen? Jeder Mensch fasst Dinge unterschiedlich auf. Neben diesem Faktor spielt die Form der Darstellung eine wichtige Rolle. Wie kommuniziere ich den Inhalt beziehungsweise die Botschaft? Spreche ich eine Person in einem Fernsehspot persönlich an, oder nutze ich Musik, um einen visuellen Effekt zu verstärken? So lassen sich beim Empfänger unterschiedliche Reize emotionaler (Erotik), physischer (Farben) oder gedanklicher (Witze) Natur auslösen. Zudem spielt auch die Glaubwürdigkeit des Absenders eine Rolle.

Zusammengefasst stellen die Determinanten Reichweite und Kontaktqualität den »Berührungserfolg« dar. Mit der Verfügbarkeit ist der zeitliche Vorlauf gemeint, der benötigt wird, um eine Werbebotschaft an den Empfänger zu übertragen. So muss eine Zeitungsanzeige bereits fertig gestaltet sein, damit sie in einer Zeitung geschaltet und abgedruckt werden kann.

Größe und Farbgestaltung müssen festgelegt werden, und es muss entschieden werden, ob es sinnvoll ist, die Anzeige mehrmals hintereinander zu schalten. Nicht zuletzt ist es immer eine Frage der Kosten, welches Kommunikationsinstrument wann und wie eingesetzt werden kann. Die Kosten umfassen alles von der Produktion der Werbebotschaft bis zur Schaltung einer Anzeige und der damit verbundenen Zahlung an den Verlag. Deshalb sind die Kommunikationsinstrumente sorgfältig auszuwählen. Neben der finanziellen Klärung müssen im Voraus einige weitere Fragen beantwortet werden:

- Welchen Personenkreis möchte ich ansprechen?
- Welches Medium kommt für mich in Frage?
- Mit welcher Frequenz lässt sich die Werbung platzieren?
- Lassen sich eventuell Teilbelegungen in bestimmten Regionen vornehmen?

Es bleibt festzuhalten, dass die unterschiedlichen Determinanten voneinander abhängen. So hängt zum Beispiel die Reichweite eng mit den Kosten zusammen. Die Kosten sind wiederum abhängig von der Darstellung. Günstige TV-Spots lassen sich mit preiswerten Statisten auf der grünen Wiese drehen, aber auch sündhaft teure Spots mit Prominenten in der Karibik. Die Ziele, die mit der Werbung erreicht werden sollen, unterscheiden sich durch ökonomische und psychologische Aspekte.

Klassische Werbemaßnahmen

Neben den klassischen Instrumenten wie der Werbung, Messen, Außenwerbung und persönlicher Kommunikation haben sich in den letzten Jahren weitere Kommunikationsformen etabliert. Dies liegt auch, aber nicht immer am technischen Fortschritt. So haben neben der Werbemöglichkeit im Internet auch das Sponsoring, das Event-Marketing (Sonderveranstaltungen) und das »Product-Placement« (zum Beispiel fährt James Bond in einem seiner Filme gegen Entgelt ein neues Modell des Automobilherstellers *BMW*) deutlich an Bedeutung gewonnen.

Durch Werbung wird versucht, bestimmte Personen oder Personengruppen mithilfe verschiedenster Kommunikationsmittel zu einem bestimmten Verhalten zu bewegen. Die klassischen und am häufigsten beanspruchten Kommunikationsmittel sind Fernsehen, Hörfunk, Zeitungen und Zeitschriften. Nicht nur Wirtschaftsunternehmen greifen zu diesem Mittel, sondern auch Parteien, der Staat oder Vereine kommunizieren durch Werbung mit bestimmten Zielgruppen.

Es gibt verschiedene Möglichkeiten der klassischen Werbung, etwa TV-Spots, Radio-Spots, Werbeplakate, Werbebeilagen oder Anzeigen. Aber auch Werbegeschenke wie Feuerzeuge oder Luftballons mit Firmenlogos können Träger von Werbebotschaften sein.

Die Kommunikationsziele sollten sich messen lassen. Zum Beispiel ist ein deutscher Weinhersteller seit drei Jahren mit einer Produktpalette auf dem französischen Markt vertreten und stellt sich hinsichtlich seiner Ziele folgende vier Fragen:

- Welchen Inhalt habe ich als Ziel? (zum Beispiel Steigerung des Bekanntheitsgrads in einer bestimmten Zielgruppe)?
- Mit welchem Ausmaß (zum Beispiel Steigerung von 10 Prozent auf mindestens 20 Prozent)?
- In welcher Zeit (zum Beispiel innerhalb des nächsten Jahrs)?
- In welchem Segment (alle französischen Weintrinker)?

Die Auswahl der richtigen Zielgruppe kommt bereits in der Segmentierung zum Ausdruck. Es muss festgelegt werden, wer mit der Werbung angesprochen werden soll. Hierbei kann zwischen Massenprodukten und Nischenprodukten unterschieden werden. Während ein Hersteller von Zahnpasta eher einen Massenmarkt bedient, muss der Hersteller von Tennisschlägern eine viel spezifischere Zielgruppe ansprechen. Wurde diese Abgrenzung getroffen, lassen sich einige Eingrenzungen vornehmen. So ist es möglich, die Zielgruppe bereits mit der Gestaltung des Werbemittels festzulegen. Die verschiedenen Kommunikationsinstrumente lassen sich unterschiedlich einsetzen. Um beim Beispiel der Tennisschläger zu bleiben, würde sich in diesem Fall eine Sportfachzeitschrift zum Werben viel besser eignen als eine Fachzeitschrift für Haus und Garten.

Nachdem die Zielgruppe bestimmt wurde, folgt die Festlegung des Kommunikationsbudgets. Hier stellt sich die Frage, wie hoch die finanziellen Mittel sind, die in der nächsten Planungsperiode zur Verfügung stehen. Dabei sind unterschiedliche Berechnungsmethoden möglich. So kann der Unternehmer sein Budget zum Beispiel prozentual nach seinem Vorjahresumsatz ausrichten. Üblich sind Prozentsätze zwischen 0,5 und 5 Prozent. Weitere Möglichkeiten sind die Ausrichtung an verfügbaren Finanzmitteln oder an der Konkurrenz. Von den gegebenen Mitteln geht der größte Teil an die Werbeträger oder andere Dritte wie Werbeagenturen, -berater oder Mietkosten für Messeplatzierungen. Anfallende Fixkosten sind unter anderem Personalkosten für die Beschäftigten einer Marketingabteilung oder auch Sachkosten wie zum Beispiel Raumkosten.

Im nächsten Schritt ist zu entscheiden, welche Werbemittel (TV-Spot, Anzeige, Plakat, Banner, Rundfunk-Spot) eingesetzt werden und über welche Werbeträger (TV, Zeitung, Zeitschrift, Plakatwand, Internetseite, Radio) der Werbeinhalt an den Empfänger transportiert werden soll. Die verschiedenen Werbemittel und Werbeträger unterliegen aufgrund des technischen Fortschritts einem kontinuierlichen Anpassungsprozess.

Bei der Gestaltung der Werbemittel sollte vor allem auch die Wahrnehmung des Kunden berücksichtigt werden. Können die Ziele der Botschaft durch akustische Reize (Sprache, Geräusche, Musik) vermittelt werden, oder wird eine visuelle Komponente (Bilder, Text) benötigt, um die gewünschte Information zu transportieren? Neben diesen gewöhnlichen Wahrnehmungsmethoden können auch Wahrnehmungen wie Anfassen, Riechen und Schmecken zum Einsatz kommen. So gibt es Testläufe in

Kinos, in denen der Werbespot zur Reizverstärkung mit Gerüchen kombiniert wird. Folgende Merkmale sollten unter anderem bei der Gestaltung beachtet werden:

- Verwendung kurzer und prägnanter Sätze;
- Benutzen der Umgangssprache;
- Betonung der Einzigartigkeit des Produkts und der Unterscheidbarkeit von den Konkurrenzprodukten;
- schnelles Erkennen der Information, die hinter der Botschaft steckt;
- Glaubwürdigkeit bewahren;
- Vermeidung von Informationsüberflutung.

Durch die zunehmende Informationsüberflutung der potenziellen Kunden ist die Bedeutung der Bildbotschaft gegenüber der Textbotschaft gestiegen. Denn ein Bild kommuniziert eine Botschaft schneller als ein Text.

Der Leser benötigt oftmals zu lange, um zu erkennen, welcher Absender sich hinter der Werbebotschaft verbirgt und welche Botschaft dieser überbringen möchte. Anzeigen sollten die Botschaft schon bei kurzem Hinsehen kommunizieren, da sich der Leser ansonsten schnell wieder abwendet.

Um die Werbebotschaft zu überbringen, werden häufig Personen eingesetzt, die den Empfänger ganz besonders ansprechen sollen. Beliebte Prominente (etwa Franz Beckenbauer, Günter Jauch, Mario Adorf) werden dazu genutzt, den Bekanntheitsgrad zu steigern und das Image zu pflegen. Darsteller, welche die gewünschte Zielgruppe repräsentieren, sprechen die typischen Konsumenten an, und Experten wie beispielsweise ein Installateur, der für ein Waschmittel wirbt, das die »Waschmaschine länger leben lässt«, gelten als kompetent und steigern die Glaubwürdigkeit des werbenden Unternehmens.

Sind die geeigneten Werbeträger gefunden, gilt es zu entscheiden, wann und für welchen Zeitraum die Werbung eingesetzt werden soll. Wie bereits oben erwähnt ist es sinnvoller, Eis im Sommer zu bewerben und eine Winterjacke im Herbst, wenn die Kunden das Gefühl haben, das Produkt gebrauchen zu können.

Im Folgenden wird näher auf die Verkaufsförderung (Sales-Promotion) und die PR (Public-Relation) eingegangen. Diese zwei Möglichkeiten der Werbung bieten sich besonders in mittelständischen Unternehmen an, die sich keine teuren Anzeigen oder TV-Spots leisten können.

Verkaufsförderung zur Absatzsteigerung

Bei der Verkaufsförderung (Verkaufspromotion) handelt es sich um kommunikative Maßnahmen und Aktionen, die in erster Linie das Ziel haben, kurzfristig und unmittelbar den Absatz zu fördern. In der Verkaufsförderung können drei Zielgruppen unterschieden werden: die Verbraucher-Promotion, die Außendienst-Promotion und die Händler-Promotion.

Bei der Verbraucher-Promotion wendet sich der Hersteller direkt an den Kunden. Hierbei kann zwischen Preis-Promotion und Nicht-Preis-Promotion differenziert werden. Als Preis-Promotion gelten unter anderem Treuerabatte, Sonderverpackungen, Sonderangebote und Coupons.

Die Nicht-Preis-Promotion lässt sich noch einmal untergliedern in »unechte« Nicht-Preis-Promotion und »echte« Nicht-Preis-Promotion. Als »unechte« Nicht-Preis-Promotionen gelten Handzettel/Beilagen, Aktionsverpackungen oder Displays. Demgegenüber stehen »echte« Nicht-Preis-Promotionen wie Warenproben, Produktzugaben, Gewinnspiele oder Events.

Vor allem für Unternehmen mit geringeren finanziellen Mitteln bietet es sich an, nach einem geeigneten Kooperationspartner zu suchen, mit dem die Kräfte gebündelt werden können. Beispielsweise findet ein Familienbetrieb für Teigwaren in einem Hersteller für Fertigsoßen und Fertigsuppen einen geeigneten Kooperationspartner (»Co-Branding«). Um Aufmerksamkeit zu erlangen, fügt der Teigwarenhersteller seinen Nudelprodukten Proben von Soßen bei. Der Soßenhersteller wiederum legt seinen Produkten Pasta-Rezepte bei, in denen auf die hervorragende Kombination von Nudeln des Partners und der eigenen Soße hingewiesen wird.

Als weitere Maßnahme der Verkaufsförderung dient die unterschiedliche Platzierung von Angeboten innerhalb eines Einkaufsmarkts. So gibt es neben der Erstplatzierung im Regal oft eine weitere Fläche, auf der das Produkt als Zweitplatzierung positioniert ist.

Die Außendienst-Promotion (staff promotion) dient dazu, die Fähigkeiten der Verkaufsmitarbeiter und ihre Motivation beim Verkauf der Produkte zu verbessern. In den meisten Fällen werden Außendienstmitarbeiter nach ihrer Leistung entlohnt. Als zusätzlicher Ansporn werden zum Beispiel Sonderprämien (Reisen, Konzertkarten oder Essensgutscheine) für die erfolgreichsten Mitarbeiter ausgelobt.

Bei der Handels-Promotion steht das Verhältnis zwischen dem Hersteller und dem Händler im Vordergrund. Verhandelt werden Rabatte, Werbekostenzuschüsse, Sonderangebotsvergünstigungen, Bereitstellung von Displays sowie weitere »Point-of-Sale«-Materialien, die dem Händler gewährt werden. Ein Beispiel ist die Aufstellung eines Kühlschranks in einem Getränkemarkt. Dadurch können an warmen Tagen kalte Getränke angeboten werden.

Die Verkaufsförderung verfolgt aber nicht ausschließlich kurzfristige Ziele und findet nicht ausschließlich am Point-of-Sale (Verkaufsort) statt. Mit einer Verkaufsförderung wie zum Beispiel der Probeverköstigung in einem Supermarkt machen Unternehmen auf ein bestimmtes Produkt aufmerksam, ein Erstkäufer kann danach durchaus Markttreue entwickeln. Wie bei der Werbung müssen auch bei Verkaufsförderungsmaßnahmen die einschlägigen Rechtsgrundlagen beachtet werden.

Entscheidend ist die Erfolgskontrolle. Hat sich der Mitteleinsatz auch wirklich gelohnt? Von einem erfolgreichen Einsatz der Verkaufsförderung kann nur gesprochen werden, wenn der Gewinn des Unternehmens dadurch tatsächlich gestiegen ist. Die Kontrollgrößen der Verkaufsförderung zu kennen ist wichtig für zukünftige Maßnahmen. Der Schwerpunkt liegt dabei auf ökonomischen Kontrollgrößen.

Public-Relations für Unternehmen und Produkte

Public-Relations (PR) oder auch Öffentlichkeitsarbeit ist die nach außen gerichtete, positive Darstellung eines Unternehmens zur Imageverbesserung oder -pflege. Unter anderem wird versucht, Personen zu beeinflussen, um somit die angestrebten Marketingziele zu erreichen. Im Vergleich zur klassischen Werbung, die hauptsächlich bestimmte Kunden ansprechen soll, richtet sich PR an die gesamte Bevölkerung. Oft werden gute Beziehungen zur Presse aufgebaut, um gezielt Informationen über ein Angebot, bestimmte Personen oder Ereignisse zu kommunizieren. Die folgenden Beispiele zeigen einige Möglichkeiten, derer sich die PR bedient.

- Ein Süßwarenhersteller sorgt mit seiner Spende für einen wohltätigen Zweck und einem damit verbundenen Zeitungsartikel für eine Verbesserung des Images.

- Ein Elektronikhersteller legt seinen Produkten eine eigens angefertigte Werbe-CD bei.
- Ein Getränkehersteller führt im Sommer einen Tag der offenen Tür mit anschließender Verköstigung durch.

Alle Instrumente dienen einer Verbesserung des Images. Dadurch entsteht für das Unternehmen der Vorteil, dass Werbeaussagen als glaubwürdig angesehen werden. Die Verbreitung positiver Meldungen soll zudem den Bekanntheitsgrad steigern. Durch den Einsatz des Internets kann das Unternehmen sogar direkt mit der Zielgruppe kommunizieren. Neben den Medien sind für die PR-Abteilungen auch Kontakte zu Kirchen, Bildungseinrichtungen, Verbraucherorganisationen und staatlichen Stellen immens hilfreich. Durch Informationen aus erster Hand ist eine schnelle Reaktion auf Veränderungen (zum Beispiel in der Gesetzeslage) möglich. Handelt es sich bei den oben genannten Vorgängen um unternehmensexterne Vorgänge, ist mit der unternehmensinternen Öffentlichkeitsarbeit ein weiteres Aufgabenfeld hinzugekommen. Diese beschäftigt sich unter anderem mit den Mitarbeitern, den Aktionären, dem Außendienst oder dem Betriebsrat und dient hauptsächlich der Motivation und Information der Mitarbeiter. Zum Einsatz kommt sie bei internen Informationsveranstaltungen, Hauptversammlungen oder in Einzelgesprächen. Von großer Wichtigkeit ist der exakte Einsatz der PR, um die gewünschte Wirkung entfalten zu können. So ist es etwa ratsam, eine Meldung in der »Sauregurkenzeit« zu platzieren, wenn dies die Chancen steigert, die Aufmerksamkeit der Öffentlichkeit zu erlangen. Im Allgemeinen sind die Steuerungsmöglichkeiten jedoch noch geringer als bei der Werbung, und das Ansprechen einer direkten Zielgruppe ist nur bedingt möglich. Ein Vorteil jedoch ist der Kostenfaktor. Eine geschickte PR kann im Gegensatz zu mancher Werbebotschaft einen bleibenden Eindruck hinterlassen, ohne teure Anzeigeräume oder Sendezeiten in Medien einkaufen zu müssen.

Um ein Unternehmen in der Öffentlichkeit angemessen zu repräsentieren, ist es sinnvoll, ein einheitliches visuelles Erscheinungsbild (Corporate Identity) nach außen zu kommunizieren. Ein Logo oder ein Name tragen dabei zum Wiedererkennungswert bei. Form und Farbe sollten deshalb einheitlich verwendet werden, sei es auf Visitenkarten, Briefpapier, an Gebäuden oder auf Werbegeschenken. Auch die einheitliche Kleidung der Außendienstmitarbeiter kann ihren Beitrag leisten.

Abgesehen von der sichtbaren Identität besteht die Möglichkeit einer akustischen Wiedererkennung. Der Kunde weiß beim Hören sofort (ohne ein sichtbares Mittel), um welches Unternehmen es sich handelt. Damit hat das werbende Unternehmen sein gewolltes Ziel erreicht.

Zusammenfassung und Fazit

Die Kommunikationspolitik leistet innerhalb des ALPEN-Mixes einen enorm wichtigen Beitrag zum Unternehmenserfolg. Durch die Tatsache, dass sich viele Produkte am Markt zunehmend ähneln, setzen Unternehmen vermehrt Kommunikationsmittel bzw. -instrumente zur Erlangung von Wettbewerbsvorteilen ein. Insofern werden immer neue Varianten zu den bisherigen Kommunikationsmethoden angewendet. Sie unterliegen vor allem der fortschreitenden technologischen Entwicklung, die es erlaubt, Angebote visuell und qualitativ hochwertig darzustellen (zum Beispiel Darstellung des Firmenlogos im Rahmen des Sponsoring während einer Fußball-Live-Übertragung) oder einen völlig neuen Weg der Kommunikation zu gehen (zum Beispiel Direct-Response-Werbung im Internet).

Des Weiteren haben Kommunikationsinstrumente einen zunehmend differenzierten Charakter. Die Begründung hierfür liegt in der wachsenden Individualisierung der Kunden, das heißt die Präferenzen werden immer heterogener. Deshalb müssen die jeweiligen Zielgruppen auch unterschiedlich angesprochen werden.

Die Erfolgsmessung des jeweils eingesetzten Kommunikationsinstruments muss berücksichtigen, dass oft nicht genau bestimmt werden kann, auf welchen Mitteleinsatz ein Umsatzanstieg zurückzuführen ist. John Wanamaker meinte in diesem Zusammenhang: »Die Hälfte der Werbung ist Verschwendung, wir wissen nur nicht welche.«

Um die Kommunikationsziele optimal zu erreichen, müssen alle Instrumente und Maßnahmen inhaltlich und formal abgestimmt werden. Hierbei müssen auch Abhängigkeiten zwischen Instrumenten beachtet werden. Probleme ergeben sich auch durch die zunehmende Informationsüberlastung der Kunden, da diese nur über ein begrenztes Aufmerksamkeitsbudget verfügen. Häufige Kampagnenwechsel und unterschiedliche kommunikative Auftritte innerhalb einer Kampagne sind für den Kunden

Abbildung 25: Phasenmodell

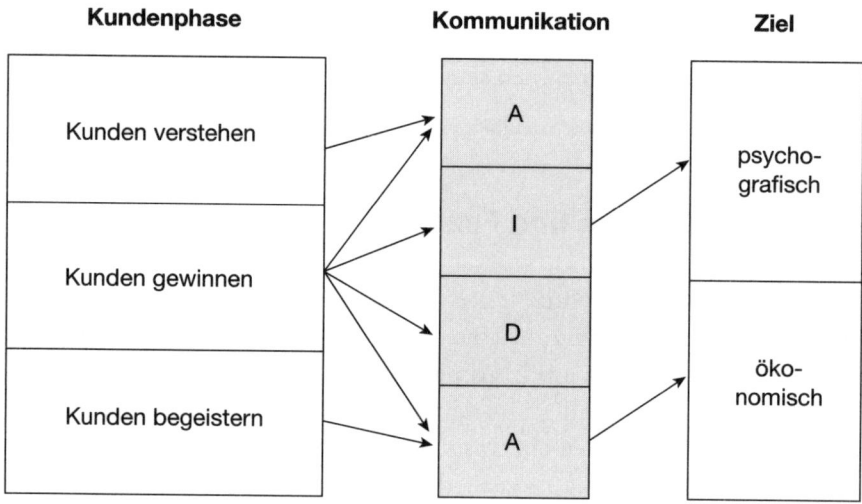

sehr verwirrend. Die Kommunikation muss so integriert werden, dass das Erlebnis und das Angebot auf eine effiziente Art und Weise dargestellt sind.

Das AIDA-Modell beschreibt die verschiedenen Phasen, durch die ein Unternehmen einen Kunden führen muss, um den Verkauf eines Produkts oder einer Dienstleistung zu realisieren. Zunächst gilt es für ein Unternehmen, Aufmerksamkeit (attention) zu erzeugen. Darauf aufbauend soll Interesse (interest) für das Angebot geweckt werden, was schließlich in einem Kaufwunsch (desire) des Kunden münden soll. Am Ende steht die Kaufaktion (action) an sich. In dieses Modell können die einzelnen Phasen der Kundenorientierung eingebaut werden, wie Abbildung 25 zeigt.

Zusätzlich ist eine Koordination mit den übrigen Elementen des ALPEN-Mixes nötig, um Zielkonflikte zu vermeiden.

Vernetzen Sie sich und Ihre Kunden

In diesem Abschnitt werden folgende Themen behandelt:

- ▶ Distributionspolitik
- ▶ Vertriebswegegestaltung
- ▶ Neuere Vertriebs- und Absatzkanäle sowie Netzwerke
- ▶ Online-Vertrieb

Da Kunden die Produkte meistens nicht dort kaufen, wo sie produziert werden, und nicht dort verbrauchen, wo sie beworben werden, muss die Netzwerk- und Vertriebspolitik diese Lücke schließen. Sie stellt das letzte Glied des ALPEN-Mixes dar und umfasst die Lieferung aller Leistungen vom Anbieter bis zum Endverbraucher. Das Angebot muss zur richtigen Zeit am richtigen Ort sein und in der richtigen Qualität und Menge und zum bestmöglichen Preis zur Verfügung stehen.

Wie können Vertriebsgruppen zielorientiert gestaltet werden?

Die Distributionspolitik befasst sich mit der Frage, auf welche Art und Weise sowie auf welchen Wegen die Produkte zu den Käufern gelangen. Im Extremfall kann die Lieferkette (Supply-Chain) dabei von der Rohstoffgewinnung bis zum Recycling (manchmal auch der Entsorgung) von Altprodukten reichen (from dirt to dirt). Dies bezieht sich auf die physische Komponente, der die akquisitorische Komponente gegenübersteht. Sie hat die Kontaktaufnahme zum Kunden und den Produktverkauf zum Ziel. Abbildung 26 beschreibt die beiden Komponenten der Distributionspolitik.

Abbildung 26: Komponenten der Distributionspolitik

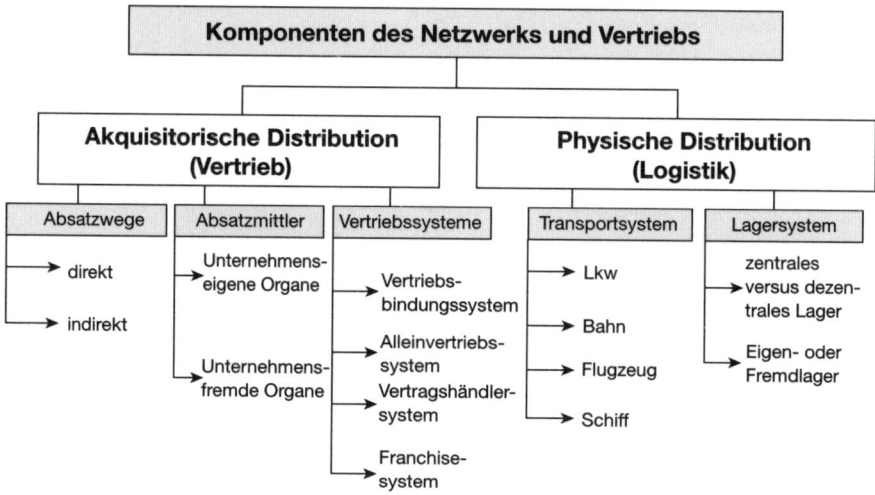

Wie bei der Kommunikationspolitik lassen sich auch bei der Distributionspolitik qualitative und quantitative Ziele unterscheiden:

Als quantitative Ziele gelten die typischen Größen wie Umsatz- und Gewinnsteigerung oder die Erreichung von Marktanteilen. Sie sollen zum Gesamtziel des Unternehmens beitragen. Eine erfolgreiche Netzwerk- und Vertriebspolitik wird aber nicht ausschließlich mithilfe dieser allgemeinen monetären Kennzahlen gemessen, die in allen Instrumenten des ALPEN-Mixes berücksichtigt werden müssen. Als weitere wichtige Größe der Distribution ist der Vertriebsgrad zu nennen. Dieser bedeutet die Erhältlichkeit eines Produkts an den gegebenen Zielorten. Zum Beispiel vertreibt ein Coffeeshop seine Produkte in 135 von 188 Bahnhöfen. Der Vertriebsgrad gibt das Verhältnis der Bahnhöfe, in denen das Kaffeeprodukt angeboten wird, zu allen Bahnhöfen an. In diesem Fall beträgt er circa 72 Prozent. Weitere Zielgrößen werden innerhalb der Vertriebslogistik (physische Komponente) näher erläutert.

Die qualitativen Ziele in der Netzwerk- und Vertriebspolitik sind, im Vergleich zur Kommunikationspolitik, weniger wichtig als die quantitativen Ziele. Hier sind Größen wie Imagebildung, Marktpräsenz oder Marktpositionierung zu nennen. Weitere qualitative Ziele sind Geschäftsbeziehungen mit verschiedenen Wertschöpfungspartnern. Dies ist wichtig, damit eine effiziente und optimale Lieferkette vom Vorlieferanten bis zum Abnehmer bestehen kann.

Der Vertrieb Hand in Hand mit dem Kunden

Die Orientierung hin zur Praxis hat bei der Distribution deutlich an Gewicht gewonnen. Dabei liegt das Hauptaugenmerk vor allem auf der sinnvollen Vernetzung der einzelnen Wertschöpfungsstufen. Stand früher lediglich die Lösung eines logistischen Problems im Vordergrund, wird heute in der Netzwerk- und Vertriebspolitik versucht, Vorteile gegenüber den Wettbewerbern zu erzielen. Dies ist hauptsächlich auf die gestiegene Wettbewerbsintensität zurückzuführen. Die Unternehmen versuchen sich nicht nur durch ihre Angebote, deren Eigenschaften oder den Preis von der Konkurrenz zu unterscheiden, sondern streben auch innerhalb des Netzwerks ein Alleinstellungsmerkmal an. Diesen strategischen Wettbewerbsvorteil mithilfe der Netzwerk- und Vertriebspolitik zu erlangen gelingt deshalb, weil vertriebslogistische Konzepte von Wettbewerbern aufgrund ihrer Komplexität und Individualität nur schwer zu imitieren sind.

So kann der Computerhersteller *Dell* seine Leistungen durch ein ausgeklügeltes Vertriebssystem günstiger anbieten als die Konkurrenz und verschafft sich somit einen strategischen Wettbewerbsvorteil.

Neben dem starken Konkurrenzdruck übt auch die Globalisierung einen nicht zu unterschätzenden Einfluss auf die Distributionspolitik aus. Besonders bei Internetgeschäften, sei es im B2C- oder im B2B-Bereich, liegen Verkaufsort und Konsument weit auseinander. Ein Unternehmen muss sich den heutigen weltweiten Herausforderungen stellen, ohne die Erfordernisse und Ziele der Distributionspolitik aus dem Auge zu verlieren.

Alternativen der Vertriebswegegestaltung

Der Vertrieb beschäftigt sich unter anderem mit der Art des Absatzwegs beziehungsweise mit den Möglichkeiten, wie ein Produkt am effizientesten abgesetzt werden kann. So ist es für viele Hersteller üblich, ihre Produkte nicht direkt abzusetzen, sondern über eine oder mehrere Handelsstufen weiterzuverkaufen. Insbesondere aufgrund der Absatzwegewahl wird die Distributionspolitik auch als Channel-Marketing oder Channel-Management bezeichnet, wobei Channel für den Absatzweg beziehungsweise Absatzkanal steht.

Beim Absatzweg wird zwischen dem indirekten und dem direkten Absatzweg unterschieden:

Indirekter Absatz bedeutet, dass die Produkte oder Leistungen über mindestens eine Vertriebsstelle ausgeliefert werden, es gibt also keinen direkten Kontakt mit dem Endkunden. Der indirekte Absatz kommt insbesondere bei Produkten zum Einsatz, die ohne Erklärung verkauft werden können, zum Beispiel Getränke. Der Hersteller kann sein Händlernetz nutzen, um seine Produkte an den Kunden zu veräußern. Ein indirekter Absatz bietet sich für die Hersteller an, denen es aus Kostengründen oder aufgrund einer großen Produktpalette nicht möglich ist, den Endverbraucher zu erreichen. Bei Lebensmittelherstellern drängt sich es geradezu auf, die Produkte über das Sortiment des Groß- und Einzelhandels zu vertreiben. Diese werden meist im Sortimentsverbund überhaupt erst verkäuflich und können dort ihr akquisitorisches Potenzial voll ausschöpfen. Welcher Absatzweg angewendet wird, hängt auch vom Faktor Kosten ab. So bieten sich indirekte Absatzwege an, wenn zwischen dem Ort der Herstellung und dem Zielort die Entfernung zu groß ist und vor Ort die Ware nicht selbst verkauft werden kann. Ein Zwischenhändler kann hier Abhilfe schaffen und zur Kostenminderung beitragen. Wie viele Handelsstufen zwischengeschaltet werden, hängt von unterschiedlichen Faktoren ab, unter anderem vom geografischen Standort oder der Angebotseigenschaft des Produkts. So sollten etwa bei verderblichen Waren nicht zu viele Handelsstufen eingeschaltet werden, um zu garantieren, dass die Lebensmittel den Endabnehmer in frischem Zustand erreichen. Deshalb ist bei diesen Produkten ein direkter Absatz ratsam.

Für viele Dienstleistungsunternehmen ist hingegen der direkte Absatzweg wichtig, um unmittelbar auf Wünsche, Anregungen und Beschwerden reagieren zu können. Banken und Versicherer bevorzugen den direkten Kundenkontakt. Auch die Industriegüterindustrie wie beispielsweise der Maschinenbau nutzt bevorzugt den direkten Absatzweg. Häufig müssen Maschinen direkt vor Ort vom Hersteller montiert werden. Eine

Inbetriebnahme ohne die Kenntnisse des Herstellers ist oftmals überhaupt nicht möglich. Auf dem direkten Absatzweg gibt es verschiedene Erscheinungsformen. So ist es denkbar, den Vertrieb in Form von eigenen Filialen aufzubauen oder fremde Vertriebsorganisationen einzusetzen. Es können aber auch Mischformen auftreten, wie das so genannte Franchising (zum Beispiel bei *McDonald's*). Der Vertrieb kann unternehmensintern durch Filialen und Reisende oder durch externe Handelsvertreter erfolgen.

Eine weitere Möglichkeit für ein Unternehmen, seine Leistungen anzubieten, stellen so genannte Marktveranstaltungen dar. Hier besteht die Möglichkeit, unter anderem relevante Informationen über die Marktlage zu sammeln, Kontakte zu Lieferanten und Abnehmern zu pflegen sowie Transaktionen durchzuführen.

Marktveranstaltungen werden hinsichtlich der angesprochenen Personenkreise und deren unterschiedlicher Warengruppen unterteilt. So gibt es Jahres-, Wochen- und Tagesmärkte, auf denen Händler oftmals auch als Erzeuger auftreten. Dies ist am häufigsten in der Landwirtschaft anzutreffen. Neben diesen meist auf kleinem Raum begrenzten Märkten existieren auch branchenspezifische Messen, auf denen sich die Unternehmen einfinden, um ihre Produkte einem größeren Publikum vorzustellen. Als Beispiele seien hier die *CEBIT*, die *Frankfurter Buchmesse* oder die *Internationale Automobilausstellung (IAA)* genannt. Abgesehen von Veranstaltungen wie Messen, Exportmusterschauen, Warenbörsen und Ausstellungen werden vermehrt auch Auktionen durchgeführt, bei denen Geschäftspartner Leistungen untereinander austauschen.

Solche Auktionen werden nicht mehr ausschließlich in großen Hallen angeboten, sondern lassen sich zunehmend auch online auf B2B-online-Marktplätzen finden. Hierbei existieren als häufigste Erscheinungsform branchenspezifische beziehungsweise unternehmensspezifische Online-Handelsplätze, die auch als Extranets bezeichnet werden. Das Extranet ist eine Erweiterung des Intranets (unternehmensinternes Computernetzwerk) um eine Komponente, die zwei oder mehrere Intranets über eine allgemeine Internetanbindung verbindet, wobei das Extranet die gleiche Technologie wie das Internet nutzt. Das Unternehmen, welches das Extranet zur Verfügung stellt, bietet seine Leistungen nur ausgewählten Transaktionspartnern an. Diese müssen sich zunächst über ein Kennwort identifizieren, um die Ware dann einzusehen und anschließend kaufen zu können.

Neben dem Absatzweg ist auch die Wahl der Absatzmittler zu klären. Als

Absatzmittler sind rechtliche und selbstständige Organe zu bezeichnen, die absatzpolitische Instrumente innerhalb des Vertriebsprozesses eigenständig einsetzen können. Allgemein kann zwischen unternehmensinternen und -externen Organen unterschieden werden. Zu den unternehmensinternen Vertriebsorganen sind Reisende, Verkaufsabteilungen, Repräsentanzbüros, eigene Filialketten und Vertriebs-/Exporttochtergesellschaften zu zählen. Unternehmensexterne Vertriebsorgane sind Handelsvertreter, Einkaufsorganisationen, Importhändler, Lizenznehmer und Franchisepartner.

Die Vertriebsorgane Reisende und Handelsvertreter werden im Folgenden genauer betrachtet. Ein Handelsvertreter betreibt ein selbstständiges Gewerbe. Dadurch ist es ihm im Wesentlichen möglich, seine Arbeitszeit frei zu gestalten. Ein Handelsvertreter wird von den Unternehmen auf Provisionsbasis bezahlt, arbeitet oftmals im eigenen Büro und trägt eigenes Risiko. Für Miete, Arbeitsmaterialien und Ähnliches kommt er selbst auf. Meist besitzt er nach Beendigung des Vertragsverhältnisses einen Ausgleichsanspruch. Im Vergleich zum Handelsvertreter ist der Reisende als Angestellter den Weisungen des Unternehmens unterstellt. Seine Bezahlung setzt sich meist aus einem Fixgehalt und einem umsatzabhängigen variablen Teil zusammen.

Für welches der aufgeführten Vertriebsorgane sich ein Unternehmen entscheidet, bedarf der Abwägung der Vor- und Nachteile. Aus Sicht des Unternehmens ist die Vergütung ein monetäres Merkmal, das es bei der Entscheidung zu berücksichtigen gilt. Handelsvertreter scheinen im Vergleich zum Reisenden auf den ersten Blick kostengünstiger zu sein. Handelsvertreter sind aufgrund der Eigenständigkeit und der daraus resultierenden erfolgsabhängigen Bezahlung oftmals motivierter und dadurch auch erfolgreicher. Der Reisende hingegen kann seine Spesen absetzen und hat durch seinen Fixlohn eine sichere Position, die ihn schnell zufrieden stellen kann.

Des Weiteren sollte ein Unternehmen sicherstellen, dass der jeweilige Mitarbeiter ausschließlich für das eigene Unternehmen tätig ist und als weitere Tätigkeit nicht noch mit einem Konkurrenzunternehmen zusammenarbeitet.

Ferner sind die Vertriebsgebiete der Mitarbeiter klug auszuwählen. Berücksichtigen sollte ein Unternehmen auch das Absatzpotenzial eines Gebiets oder die Länge des Anfahrtswegs. Beim Anfahrtsweg können kurze Wege von Vorteil sein, und in absatzstarke Vertriebsgebiete sollten die kompetentesten Mitarbeiter geschickt werden.

Es empfiehlt sich also, schrittweise vorzugehen. Im ersten Schritt sind ökonomische Wert- und Mengengrößen von Bedeutung. Erst im Anschluss an diesen Schritt finden qualitative Größen wie Persönlichkeit, Ausstrahlung und Qualifikation Berücksichtigung. Das Anforderungsprofil sollte bei der Entscheidungsfindung sowohl auf den Reisenden als auch auf den Handelsvertreter zutreffen.

Bei allen Verkäufern müssen Branchen- und Zielgruppenkenntnisse und Beratungs-Know-how vorhanden sein, um auf die Bedürfnisse der Kunden besser eingehen zu können. Neben den genannten Fähigkeiten sind Organisationstalent, ein bestimmtes Führungsverhalten sowie soziale Kompetenz unerlässlich für einen erfolgreichen Verkäufer.

Eine weitere Komponente ist die Wahl des Vertriebssystems. Hier stehen verschiedene Alternativen zur Auswahl. Eine Hilfe für Hersteller, Handelsunternehmen nach qualitativen Kriterien zu selektieren, ist das Vertriebsbindungssystem. Hier verpflichten Lieferanten bei der Fachhandelsbindung einen Großhändler, der dann die Leistungen ausschließlich an Facheinzelhändler weiterverkauft.

In der Automobilbranche findet das Vertragshändlersystem häufig Anwendung. Auch im Kneipen- und Gaststättengewerbe wird es genutzt. Somit wird vertraglich garantiert, dass nur ein bestimmtes Sortiment ein- und verkauft werden kann. Oftmals helfen Getränkehersteller auch beim Aufbau oder der Renovierung der Gaststätte, zum Beispiel mit einer neuen Thekeneinrichtung.

Das Alleinvertriebssystem bietet der jeweiligen Vertriebsstelle einen absoluten Gebietsschutz. Die Herstellerseite unterteilt den relevanten Markt in einzelne Gebiete. In jedem Gebiet ist dann lediglich der jeweilige Vertragspartner berechtigt, die Leistungen zu verkaufen.

Anschließend an die Wahl des Absatzwegs, der Absatzmittler und des Vertriebssystems gilt es nun, die Vertriebslogistik genauer unter die Lupe zu nehmen. Die Logistik beschreibt im Unterschied zum Vertrieb den körperlichen Transfer eines Produkts vom Ort der Herstellung über gegebenenfalls mehrere Zwischenstufen bis zum Zielort. Zur Vertriebsdurchführung müssen deshalb Entscheidungen über die Vertriebslogistik getroffen werden. Unter die Vertriebslogistik fallen die Auftragsabwicklung, das Transport- sowie das Lagerwesen.

Die Vertriebslogistik hat die Aufgabe, eine zielgerichtete Planung, Steuerung, Durchführung und Kontrolle der Güter- und Informationsflüsse zwischen den Lieferanten und den Kunden zu gewährleisten. Der

Abbildung 27: Ausschnitt einer vertriebslogistischen Prozesskette

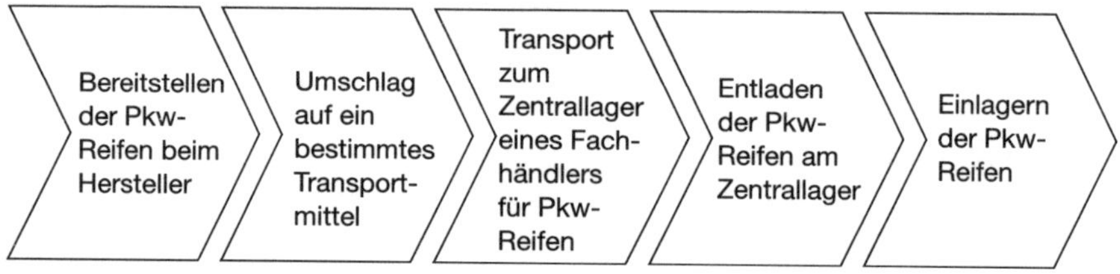

Ablauf der vertriebslogistischen Prozesskette wird in Abbildung 27 anhand eines Ausschnitts beispielhaft beschrieben.

Wie in der Grafik zu sehen ist, sind bei den vertriebslogistischen Prozessketten mehrere Wertschöpfungspartner vertreten. Ob Vorlieferant, Hersteller, Handelsunternehmer, Logistikdienstleister oder Abnehmer, alle sind mehr oder minder in die Prozesskette eingebunden, was bei der Umsetzung der Ziele berücksichtigt werden muss.

Mit der Vertriebslogistik werden bestimmte Ziele verfolgt. Die Lieferzeit – von der Auftragserteilung bis zum Erhalt der Ware – sollte so gering wie möglich ausfallen. Die Lieferflexibilität sollte gewährleisten, dass schnell auf Engpässe oder auch Sonderwünsche reagiert werden kann. Die Verträge sollten termintreu, also pünktlich ausgeliefert werden. Die Lieferbereitschaft (zum Beispiel ab Zentrallager erfüllte Aufträge/Gesamtzahl der Aufträge) stellt ein weiteres Ziel dar.

Dabei gibt es die Möglichkeit, innerhalb des Vertriebssystems unterschiedliche Vertriebsformen anzuwenden. Es kann zwischen intensivem, selektivem und exklusivem Vertrieb unterschieden werden. Beim intensiven Vertrieb ist die Leistung üblicherweise in allen Vertriebsstellen erhältlich, während beim selektiven Vertrieb die Leistungen nur in ausgewählten Geschäften angeboten werden. Beim exklusiven Vertrieb ist die Leistung wirklich nur sehr vereinzelt in genau ausgewählten Geschäften zu haben. Dies ist etwa bei Luxusartikeln der Fall.

Im Folgenden wird näher auf die Auswahl und die folgende Planung und Durchführung des Vertriebssystems eingegangen, da unterschiedliche Rahmenbedingungen vorherrschen. Als eine Rahmenbedingung ist das Nachfrageverhalten der Kunden zu betrachten. Darunter ist die zeitliche, art- und mengenmäßige Struktur der Nachfrage zu verstehen. Die geografische Verteilung der Nachfrage gilt ebenfalls als ein wichtiges Merkmal, das im Entscheidungsprozess eine Rolle spielt.

Besondere Aufmerksamkeit muss auch der Produktionsdauer und der Reaktionszeit der Akteure gelten. Wichtig sind in diesem Zusammenhang die Berücksichtigung einer effizienten Standortplanung, die Produktionskapazitäten, die Lagerung der Waren sowie die Betrachtung möglicher Umschlagsplätze.

Als letzte Rahmenbedingung sind die produktspezifischen Merkmale zu nennen. Damit sind hauptsächlich ökonomische und technische Eigenschaften der Produkte gemeint. Als ökonomische Eigenschaften gelten Messgrößen wie der Preis oder die Funktionalität des Produkts. Technische Produkteigenschaften sind Kriterien wie die äußere Form, das Gewicht oder die Haltbarkeit der Ware.

Bei der strategischen Planung ist unter anderem die Wahl des Transportmittels zu betrachten, mit der die Ware vom Anbieter zum Kunden geliefert wird. Hier stehen Möglichkeiten wie Pkw, Lkw, Schiff, Flugzeug oder Bahn zur Verfügung. Die Entscheidung sollte nach Abwägung von Vor- und Nachteilen getroffen werden. So kann ein Transport mit dem Flugzeug zwar wesentlich schneller sein als mit dem Schiff, aber der Luftweg ist deutlich kostenintensiver. Bahn oder Schiff lassen im Vergleich zum Flugzeug ganz andere Kapazitäten zu. Deshalb bleibt bei großen Produkten häufig nur der Versand per Schiff, Bahn oder Lkw als Alternative. Fisch oder Fleischprodukte aus Übersee, die in Deutschland frisch beim Kunden ankommen sollen, können jedoch nur über den Luftweg versendet werden, da ein Schiffstransport zu viel Zeit in Anspruch nimmt. Bei bestimmten Produkten müssen auch bestimmte Transporteigenschaften gewährleistet sein, so benötigen etwa Tiefkühlprodukte eine durchgehende Kühlung, die nicht überall gewährleistet werden kann.

Zur strategischen Planung zählt ebenfalls die geografische Verteilung von Lagereinrichtungen und Umschlagplätzen. Bei den Lagereinrichtungen kann sich der Unternehmer für ein zentrales oder ein dezentrales Lager entscheiden. Wie bei der Ermittlung des Transportmittels ergeben sich auch bei der Betrachtung der Lagersysteme Vor- und Nachteile. Mit nur einem Zentrallager entstehen höhere Transportkosten, da alle einzelnen Verkaufspunkte separat angefahren werden müssen. Dafür sind die Lagerkosten im Vergleich zum dezentralen Lager geringer, da Miet- und Lohnkosten nur einmal anfallen. Weitere Nachteile des zentralen Lagers sind die geringe Flexibilität und langsamere Lieferzeiten, wenn ein Produkt eine lange Strecke zurücklegen muss. Das ist wiederum der Vorteil des regionalen Lagers. Der Hersteller kann viel schneller auf Engpässe oder Kundenwünsche reagieren.

Durch die Ausdehnung der Just-in-Time-Produktion geht der Trend zur Verkleinerung der Lager. Diese zeichnet sich durch ihre kurze Zeitspanne zwischen Produktion und Auslieferung beziehungsweise Weiterverkauf aus. Dadurch versuchen Unternehmen, Lagerkosten einzusparen und die Kapitalbindungskosten so gering wie möglich zu halten. Jedoch ist die Just-in-Time-Produktion nicht ohne Risiken. Sollte es zu Störungen (zum Beispiel widrige Wetterverhältnisse, Streik) in den Zulieferungen kommen, kann dies schnell einen Produktionsstillstand nach sich ziehen. Um dies zu verhindern und um eine schnelle Versorgung sicherzustellen, errichten Unternehmen ihre Produktionsstätten in naher Umgebung zum Verbraucher. Ein weiterer Grund, warum die Bestände nicht zu groß gehalten werden dürfen, sind die zunehmend unterschiedlichen Kundenbedürfnisse und die sich daraus ergebende Variantenvielfalt. Produkte vorzuproduzieren und zu lagern wäre deutlich kostenintensiver.

Um ein Vertriebssystem schlussendlich zu implementieren, müssen noch Entscheidungen bezüglich der operativen Planung getroffen werden. Dazu zählt die Festlegung des Bestandsmanagements. Hier werden Bestellmengen, -rhythmen und die zu lagernde Produktmenge an den verschiedenen Standorten festgelegt. Ein weiterer Baustein in der operativen Planung ist die Planung des Transportmitteleinsatzes.

Neben dem oben Aufgezeigten sind noch Entscheidungen zu treffen, die im Bereich des Informationsmanagements anzusiedeln sind. Damit sind bestimmte administrative Prozesse gemeint, die zwischen den einzelnen Wertschöpfungspartnern festzulegen sind. Dabei handelt es sich beispielsweise um die Bereitstellung von Informationen, wie etwa Bestands- und Statusinformationen, die zur Durchführung bestimmter vertriebslogistischer Leistungsprozesse benötigt werden.

Neuere Vertriebsformen

Bei neueren Vertriebsformen wird häufig auch von »vertikal integrierten Marketingsystemen« (VIMS) gesprochen. Das prägendste Kriterium ist hierbei die wesentlich engere Kooperation zwischen den Herstellern und Händlern.

Besteht in den traditionellen Formen des Vertriebs noch eine Abgrenzung zwischen den Parteien, liegt die Grundidee der vertikalen Integration darin, dass durch enge Zusammenarbeit eine Win-Win-Situation entsteht, von der die beteiligten Wertschöpfungspartner gleichermaßen profitieren.

Unter derartigen VIMSs sind eigentumsgebundene, vertragsgebundene und machtstellungsgebundene Marketingsysteme zu unterscheiden. Im eigentumsgebundenen System vereint ein einzelnes Unternehmen seine hintereinander folgenden Produktions- und Vertriebsstufen. Diese Form von Integration wird vor allem von denjenigen Unternehmen angewandt, die das komplette Vertriebssystem alleine beherrschen wollen.

Das prägendste Merkmal des vertragsgebundenen Systems liegt in der Zusammenarbeit mit unabhängigen Unternehmen verschiedener Vertriebsstufen, die ihre kooperative Geschäftsbeziehung vertraglich festgelegt haben, um die Kunden effizienter bedienen und auftretende Synergieeffekte nutzen zu können.

Als Kennzeichen für das machtstellungsgebundene System lässt sich die Dominanz einer der beiden Geschäftsparteien festhalten, die innerhalb der unterschiedlichen Produktions- beziehungsweise Vertriebsstufen zusammenarbeiten. Zum Beispiel kann ein Hersteller eines Produkts, der über eine gewisse Marktmacht verfügt, von den Handelspartnern verlangen, dass Zwischenprodukte ausschließlich »Just-in-Time« angeliefert werden, um eigene Lagerkosten zu sparen.

Als weiteres Vertriebssystem existiert auch das Multikanalmarketingsystem, welches es ermöglicht, den Kunden über verschiedene Vertriebskanäle zu erreichen. Wer zum Beispiel ein Buch kaufen möchte, kann es über das Internet oder eine Buchhandlung erwerben.

Durch die Etablierung neuer, meist elektronischer Vertriebskanäle ist die Koordination der einzelnen Vertriebskanäle zu einer Herausforderung für das Management geworden. Mit dem Multikanalmanagement sind mehrere Ziele verbunden: Zum einen soll potenziellen Konsumenten die Möglichkeit mehrerer Bezugskanäle zur Verfügung gestellt werden, die aber gleichzeitig die Kostenstruktur des eigenen Unternehmens möglichst wenig beeinflussen sollten. Zum anderen soll durch den Einsatz des Multikanalmarketingsystems eine höhere Kundenbindung erreicht werden. Weiterhin soll eine Elimination unrentabler Kunden vorangetrieben sowie ein positiver Deckungsbeitrag durch die Absatzkanalsteuerung und die daraus resultierende verursachungsgerechte Preisgebung erzielt werden.

Aber auch hier sind Vor- und Nachteile abzuwägen. Das geschilderte Vorgehen bietet den Nutzen einer vergrößerten Marktabdeckung, es birgt aber auch Konfliktpotenzial zwischen unterschiedlichen Absatzkanälen. Die Anwendung der Multikanalmarketingsysteme gewinnt aber dennoch immer mehr an Bedeutung. Wie die VIMSs und auch die Multikanalmarketingsysteme zeigen, gibt es weiterhin Zielkonflikte zwischen den beteiligten Wertschöpfungspartnern. In den achtziger Jahren entstanden aber auch unternehmensübergreifende Geschäftsmodelle, die versuchen, diese Konflikte zu vermeiden. Händler und Hersteller versuchen es mit partnerschaftlichem Miteinander und stellen den Kunden in den Mittelpunkt gemeinschaftlicher Interessen. »Kooperation statt Konfrontation« heißt das gemeinsame Ziel.

Online-Vertrieb

Durch die rasante Entwicklung der Technologie werden Produkte und Dienstleistungen immer häufiger über das Internet vertrieben. Dabei setzt sich der E-Commerce vermehrt gegenüber dem traditionellen Vertrieb durch, häufig zu sehen bei Fluggesellschaften oder im Versandhandel. Aber nicht alle Produkte eignen sich für den Online-Verkauf. Um einen Online-Vertrieb realisieren zu können, müssen bestimmte Voraussetzungen erfüllt sein. Die Präsentation der Produktpalette muss auf Anbieterseite in digitaler Form vorliegen, und die Nachfragerseite benötigt das entsprechende Ausgabemedium.

Beispielsweise kann ein Wellness-Hotel auf seiner Homepage Informationen zu den verschiedenen Kuren zum Download bereitstellen. Der Vorteil ist im Vergleich zum üblichen Vertrieb ein schnellerer und unabhängigerer Service bei deutlich geringeren Vertriebskosten. Des Weiteren werden die Vertriebskosten von der Anbieter- auf die Nachfragerseite verlagert, was als Besonderheit im Online-Vertrieb zu nennen ist.

Zusammenfassung und Fazit

Innerhalb der Netzwerk- und Vertriebspolitik beeinflussen viele Faktoren den Erfolg des Unternehmens. Anders als beispielsweise bei der Kommunikationspolitik sind die zu treffenden Entscheidungen langfristiger und weitreichender Art. Insbesondere Kosten für die Implementierung eines Vertriebssystems sind als Trade-off jederzeit mit einzubeziehen.

Neuere Ansätze in der Distributionspolitik, wie vor allem die vertikalen kooperativen Geschäftsmodelle, können durch Effizienzsteigerungen weitere Wettbewerbsvorteile erzeugen. Aufgrund von Konflikten, die im Tagesgeschäft zwischen den Kooperationspartnern entstehen können, sind diese Modelle aber auch kritisch zu sehen.

Die Distributionspolitik erfordert, wie die übrigen Instrumente des ALPEN-Mixes, eine integrative Betrachtungsweise. Innerhalb der Netzwerk- und Vertriebspolitik muss ein Rädchen ins andere greifen, das heißt ein ganzheitlicher Ansatz muss gewählt werden, mit dem Ineffizienzen ausgeschlossen werden können. Dies gilt vor allem bei der Wahl für ein Multikanalmanagement.

Steuern Sie Ihren Markterfolg

In diesem Abschnitt werden folgende Themen behandelt:

- ▶ Ergebniskontrolle
- ▶ Messung der Kundenzufriedenheit/-gewinnung
- ▶ Balanced Scorecard
- ▶ Kundenbindung durch Kennzahlen

Vertrauen ist gut, Kontrolle ist besser! Unter Kontrolle wird ein laufender Vergleich zwischen Soll- und Ist-Werten verstanden. Unternehmen definieren Kontrollmessgrößen, um ihre strategischen und operativen Entscheidungen und Maßnahmen zur Zielerreichung im Nachhinein überprüfen zu können. Ebenso wichtig ist das Wissen über den tatsächlichen Return-on-Investment (ROI). Es handelt sich demnach um eine Analyse des Erreichten und eine Überwachung der einzelnen Zielerreichungsaktivitäten.

Die strategische Kontrolle ist als planungs- und realisierungsbegleitender Prozess zu sehen, welcher Schwerpunkte wie Konsistenzkontrolle, Prämissenkontrolle oder Planfortschrittskontrolle haben kann. Bei der Konsistenzkontrolle steht die Vereinbarkeit der strategischen Planung mit den Unternehmenszielen im Vordergrund. Bei der Prämissenkontrolle müssen die der strategischen Planung zugrunde liegenden Annahmen überwacht werden, um alle weiteren Maßnahmen effizient angehen zu können. Die Planfortschrittskontrolle meint die erwartungsgemäße schrittweise Verwirklichung der strategischen Planung. Hier wird in Soll-Ist-Vergleichen anhand von Zwischenzielen auf Abweichungen überprüft.

An die Kontrollmethodik sind einige Bedingungen geknüpft, die sowohl die Kontrolle selbst als auch die ausübenden Personen betreffen.

Kontrollanforderungen

Die Kontrolle muss objektiv sein. Das heißt, dass der Prüfprozess in seinen einzelnen Teilschritten transparent und übereinstimmend sein soll. Objektivität ist immer nur in Grenzen erreichbar, da die Wirkung von Maßnahmen auf Individuen geprüft wird.

Außerdem soll die Kontrolle valide, das heißt gültig sein. Die Validität soll sicherstellen, dass tatsächlich das gemessen wird, was festgestellt werden soll. Dies hängt davon ab, ob ein Test die Werte misst, die er unter ausreichend normalen Bedingungen zu messen hat.

Von Reliabilität wird dann gesprochen, wenn die Kontrolle zuverlässig und messgenau ist. Reliabilität erfordert die Reproduzierbarkeit der Testergebnisse. Das heißt, bei wiederholter Anwendung des Tests sollten sich die gleichen Ergebnisse ergeben. Eine hohe Reliabilität impliziert nicht, dass auch eine hohe Validität erzielt worden ist.

Kontrollpersonen

Die Kontrolle kann entweder an eigene Mitarbeiter (zum Beispiel Produktmanager) oder externe, erfahrene Berater übertragen werden. Dies kommt auf Art, Umfang und Schwierigkeit der Kontrolle an. Formen der Kontrolle sind unter anderem innerhalb der Produktion, Limitierung, Händler sowie der Konkurrenz und Verwender zu finden. Die Expertengremien sind durch ihren kritischen Sachverstand, der sich auf die jeweiligen Produkte und deren Verwender erstreckt, zu hohen Qualitätsurteilen fähig.

Eine der geläufigsten Kennzahlen, die zur Kontrolle eingesetzt werden, ist der Return-on-Investment. Die verschiedenen Unternehmensziele, die mit dem ROI gemessen werden können, lassen sich in kurzer Form zusammenfassen: Zunächst ist als Oberziel die Umsatzrendite zu nennen, bei welcher der Gewinn am eingesetzten Umsatz gemessen wird. Einzelziele sind also zum einen der Gewinn und zum anderen der Umsatz beziehungsweise Verkaufserlös. Ein Gewinn wird dann erzielt, wenn die Summe der Deckungsbeiträge abzüglich der Fixkosten (zum Beispiel feste Grundgehälter) mindestens einen positiven Wert aufweist. Deckungsbeiträge werden ermittelt, indem die variablen Kosten vom Umsatz abgezogen wer-

Abbildung 28: Ausgewählte Marketingkennzahlen

Kennzahl	Beschreibung
Return-on-Investment (ROI; auch Kapitalrentabilität, Rendite) (in %)	$= \dfrac{\text{Gewinn}}{\text{Gesamtgewinn}} \times 100$
Break-even-Punkt: (auch Deckungspunkt, Gewinnschwelle, Mindestabsatz)	$= \dfrac{\text{Fixkosten}}{\text{Deckungsbeitrag}}$
Marge/Handelsspanne (auch Rohgewinn)	= (Netto-) Verkaufspreis – (Netto-) Einstandspreis
Marktanteil (auch Konzentrationsgrad)	$= \dfrac{\text{Absatz eines Unternehmens}}{\text{Absatz sämtlicher Unternehmen einer Branche}}$
Marktanteil (relativer)	$= \dfrac{\text{eigener Marktanteil}}{\text{Marktanteil des größten Wettbewerbers}}$
Preisindex (In %)	$= \dfrac{\text{Preis zum Ermittlungszeitpunkt}}{\text{Preis zum Basiszeitpunkt}}$
Tausendkontaktepreis (TKP) (Tausenderpreis)	$= \dfrac{\text{Anzeigenpreis}}{\text{Anzahl der Kontakte}} \times 1\,000$
Distributionsquote (Distributionsgrad) – numerisch	$= \dfrac{\text{Zahl der Geschäfte, die ein Produkt führen}}{\text{Gesamtzahl der einschlägigen Geschäfte}} \times 100$
Page-Impressions (Kennzahl zur Messung der Werbeträgerleistung)	= Anzahl der Aufrufe einer werbeführenden Webseite durch beliebige Benutzer; ein Maß für die Nutzung einzelner Seiten.
Ad-Klicks (Kennzahl zur Messung der Werbewirksamkeit)	= Anzahl der Klicks eines werbeführenden Online-Banners durch beliebige Benutzer; ein Response-Maß einzelner Anzeigen im Web

den. Variable Kosten sind zum Beispiel Kosten für Materialien, Rohstoffe oder auch variable Anteile am Gehalt, bei dem der Arbeitnehmer gewisse Erfolgsvorgaben zu erfüllen hat, um diesen Lohnanteil zu erhalten.

Die wichtigsten Marketingkennzahlen neben dem ROI sind in Abbildung 28 beschrieben.

Die Wirtschaftlichkeit und Wirkung der eingesetzten Marketingmixinstrumente muss im Gesamtzusammenhang regelmäßig überprüft werden.

Wie funktioniert die Ergebniskontrolle?

Marketing und Controlling bauen auf einer identischen Vorgehensweise auf. In beiden Bereichen steht die gezielte Informationsversorgung, Planung und Kontrolle hinsichtlich wechselnder Umwelt- und Unternehmensbedingungen im Mittelpunkt. Je arbeitsteiliger innerhalb der Unternehmensbereiche vorgegangen wird, desto mehr müssen die drei Arbeitsschritte koordiniert werden. Es wird hierbei von der Marketingkontrolle gesprochen. Zur Ergebniskontrolle in der Praxis bietet sich eine Reihe von Instrumenten an. Diese dienen entweder der strategischen oder operativen Marketingkontrolle.

Strategisches Controlling unterstützt die Unternehmensleitung durch die Bereitstellung von Informationen, Planungs- und Kontrollinstrumenten und koordiniert den Planungsvorgang. Beispielsweise kann die strategische Marktposition eines Unternehmens analysiert werden, indem die Kundendatei und die Konkurrenzdatei regelmäßig untersucht und aktualisiert werden. Operatives Controlling hingegen setzt sich direkt mit den ökonomischen Unternehmenszielen auseinander und steuert die Unternehmensaktivitäten auf kurz- und mittelfristige Sicht. Kurzfristige Ergebniskontrollen sind beispielsweise die Absatzsegmentrechnung (Erfolgsaufspaltung nach Produkten/Produktgruppen, Kunden/Kundengruppen, Aufträgen, Verkaufsgebieten, Absatzwegen), die Deckungsbeitragsrechnung oder Vollkostenrechnung.

Aufgaben der Marketingkontrolle sind unter anderem das Aufstellen eines Marketingbudgets in Abstimmung mit dem Gesamtbudget oder der Aufbau von Kennzahlensystemen für das Marketing.

Eine weiterer Aspekt der Marketingkontrolle ist die kritische Selbstkontrolle der bei der Koordination angewandten Verfahren, der Basisannahmen und des organisatorischen Rahmens. Diese Funktion wird als Marketing-Audit bezeichnet. Teilaspekte des Marketing-Audit sind:

- Verfahrens-Audit: überprüft, ob die Informationsversorgung sowie die angewandten Planungs- und Kontrollmethoden mit dem allgemeinen Wissensstand up to date sind.
- Strategien-Audit: systematische Bewertung der Grundannahmen beim Entwickeln strategischer Konzeptionen und der Vollständigkeit/Operationalität von Zielangaben.

- Marketingmix-Audit: untersucht, ob sich die an absatzpolitischen Maßnahmen beteiligten Stellen hinsichtlich der Gestaltungskonzeption aufeinander abstimmen.
- Organisationsaudit: Analyse aller wesentlichen Aufgabengebiete der Unternehmensführung und deren Einbindung in die Gesamtorganisation und Koordination durch zweckmäßige Stellenbildung.

Im Bereich der Online-Marktforschung ist die Erfolgsmessung ein ausschlaggebendes Qualitätsmerkmal für leistungsstarke Werbemedien. Zur schnellen und unkomplizierten Auswertung von Nutzerdaten werden Webstatistikprogramme verwendet. Die wichtigsten Begriffe sind im Folgenden zusammengefasst:

- Page-Views: geben an, wie oft ein Nutzer eine HTML-Seite besucht hat.
- Visits: geben die Anzahl der »eindeutigen« Besuche einer Website an. Ruft ein Besucher innerhalb einer bestimmten Zeitspanne mehrere Unterseiten einer Website auf, liegt ein Visit vor.
- Besucher: mit »Besucher« wird die Anzahl der Benutzer bezeichnet, die anhand ihrer IP-Adresse eindeutig zugeordnet werden können.

Kundengewinnung messbar machen

Die kontinuierliche Analyse und Messung von Kundenzufriedenheit und Kundenbindung beugt Umsatzeinbrüchen und daraufhin sinkenden Erträgen vor. Die Messung liefert dabei die Basis, anhand derer eventuelle Probleme erkannt und dementsprechend gelöst werden können. Methoden der Marktforschung finden hier wiederum Anwendung. Die Kundenzufriedenheit kann beispielsweise gemessen werden durch die gezielte Auswertung von Webseiten, Befragungen (online und offline), Panel-Forschung (Umfragen innerhalb einer konstanten Gruppe von Personen) oder so genannte Usability-Tests, welche die Nutzerfreundlichkeit von Anwendungen (zum Beispiel Online-Shops) untersuchen.

Eine Befragung, anhand derer die Kundenzufriedenheit beziehungsweise Kundenbindung gemessen werden kann, zeigt das nachfolgende Beispiel eines *Audi*-Automobilhauses:

- Wie zufrieden sind Sie insgesamt mit dem Autohaus?
- Welchen Vorteil hat die Geschäftsbeziehung mit dem Autohaus?
- Wie gut erfüllt das Autohaus Ihre Erwartungen?
- Würden Sie das Autohaus weiterempfehlen?
- Würden Sie Freunden und Bekannten zum Kauf bei diesem Autohaus raten?
- Wenn Sie das nächste Mal ein Automobil kaufen, wird es wieder bei diesem Autohaus sein?
- Wollen Sie langfristig Kunde des Autohauses bleiben?
- Werden Sie das Autohaus beim Kauf anderer Produkte (zum Beispiel Zubehör, Zweitwagen, Werkstattleistungen) in Erwägung ziehen?

Die Kundengewinnung kann ebenfalls anhand von Software-Anwendungen wie dem Customer-Relationship-Management (CRM) gemessen werden. Voraussetzungen sind unter anderem die Betrachtung interner und externer Faktoren, das Erfassen von Wechselbeziehungen, die Priorisierung von Maßnahmen, das Überführen weicher Faktoren in harte Kennzahlen und die Anwendung weiterer Kennzahlen zum ROI.

Speziell bei der Akquise von Neukunden stellt sich für Unternehmen zunächst die Frage, wodurch diese gewonnen werden können und wie im Anschluss der Erfolg der angewendeten Methoden überprüft beziehungsweise gemessen werden kann. Die gängigsten Maßnahmen zur Messung der Neukundengewinnung sind Bonuskarten (zum Beispiel Aufkleberpunkte in Tankstellen), Neuanmeldungen/neue Verträge (etwa in Fitness-Studios) und die allgemeine Datenerfassung von Neukunden. Die Neukundengewinnung muss ein strategisches Ziel von Unternehmen sein, damit sie am Markt bestehen bleiben können und somit ihre Existenz gewährleistet ist. Ein Beispiel für ein strategisches Kennzahlen- und Führungssystem ist die Balanced Scorecard (BSC).

Der Kunde in der Balanced Scorecard

Die Balanced Scorecard wurde Anfang der neunziger Jahre von Robert Kaplan und David Norton an der Harvard Business School als neuartiges Kennzahlen- und Führungssystem entwickelt. Sie verwendet vier Perspektiven, die als Grundgerüst dienen: finanzielle Perspektive, Kunden-perspektive, interne Geschäftsprozessperspektive und Lern-/Entwick-lungsperspektive. Jede Perspektive enthält Ziele, die durch Kennzahlen operationalisiert werden, bei denen konkrete Werte als Vorgaben dienen und die durch Maßnahmen erreicht werden. Zu beachten ist hierbei, dass Kennzahlen nur selten allgemeingültig sind und somit unternehmens-individuell festgelegt werden müssen.

Aufgaben, die im Zusammenhang mit der Balanced Scorecard stehen, sind die Klärung und das Herunterbrechen von Visionen und Strategien, die Kommunikation und Verknüpfung von strategischen Zielen und Maß-nahmen, die Planung, Festlegung von Zielen und Abstimmung strategi-scher Initiativen sowie die Verbesserung von strategischem Feedback und Lernen. Zu den vier Perspektiven der Balanced Scorecard sollten Sie sich als Anhaltspunkt die folgenden Fragen stellen:

- Finanzperspektive: Wie sollen wir gegenüber Teilhabern auftreten, um finanziellen Erfolg zu haben?
- Kundenperspektive: Wie sollen wir gegenüber unseren Kunden auftre-ten, um unsere Vision zu verwirklichen?
- Prozessperspektive: In welchen Geschäftsprozessen müssen wir die Besten sein, um unsere Teilhaber und Kunden zufrieden zu stellen?
- Lern-/Entwicklungsperspektive: Wie können wir unsere Veränderungs- und Wachstumspotenziale fördern, um unsere Vision zu verwirk-lichen?

Abbildung 29: Mögliche Zielformulierungen in der BSC

Perspektive	Ziel
Finanzen	Umsatzanteil mit neuen Produkten Ertrag pro Mitarbeiter Gewinn, ROI und Cash-Flow pro Periode Liquidität (Zahlungsfähigkeit)
Kunden	Kundengewinnung (Aquisitionsquote) Kundenzufriedenheit (Grad der Zufriedenheit) Kundenbindung (Kennzahl der Kundenbeziehung)
Prozesse	Identifikation des Markts Erkennen der Kundenwünsche Entwicklung, Herstellung und Lieferung von Produkten Kundenservice
Mitarbeiter	Produktivität der Mitarbeiter Fluktuationsrate der Mitarbeiter (Loyalität) Mitarbeiterzufriedenheit

Ziel der BSC ist, einerseits die Steuerung und Messung der Leistung von strategischen Geschäftseinheiten (SGE) und andererseits ein Gleichgewicht der verschiedenen Ziele (Perspektiven) zu erreichen. Dabei ist es von Vorteil, sich auf wenige, aber wesentliche Kennzahlen zu beschränken (circa 20 bis 25 Stück). Ein allgemeines Problem von Unternehmen ist hierbei, dass der wirtschaftliche Erfolg zwar durch finanzielle Größen gemessen werden kann, jedoch in der Regel durch nichtfinanzielle Größen begründet ist. Diesem Problem steht die Balanced Scorecard gegenüber. Abbildung 30 zeigt einen möglichen Geschäftsplan nach der BSC-Vorgehensweise, bei dem sich zunächst die internen Kunden, also die eigenen Mitarbeiter, mit ihren Fähigkeiten und Einstellungen einbringen müssen, um daraufhin Abläufe in Gang zu setzen, deren Prozesse es zu optimieren gilt. Durch die Beziehung zu den Kunden lassen sich schließlich die operativen Zielsetzungen der Unternehmung verwirklichen.

Der Pfeil nach oben in Abbildung 30 zeigt den Zusammenhang der einzelnen Perspektiven auf: Die Mitarbeiterzufriedenheit gewährleistet funktionierende Abläufe und Prozesse, die wiederum die Kunden zufrieden stellen und so positiv das Betriebsergebnis beeinflussen. Im umgekehrten Falle behindern unzufriedene Mitarbeiter die Abläufe, worauf die Kunden verärgert sind und das Betriebsergebnis sich verschlechtert.

Abbildung 30: Geschäftsplan nach der BSC

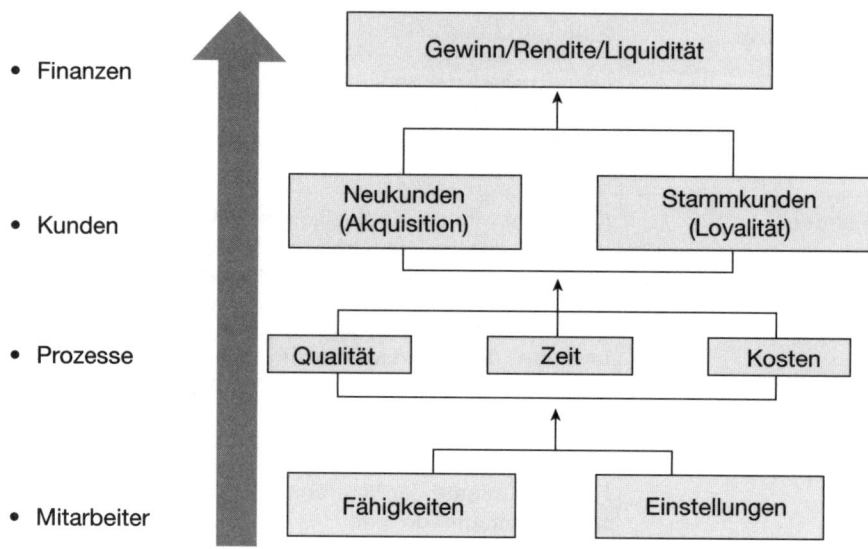

Im Marketing steht die gezielte Informationsversorgung, Planung und Kontrolle zwecks Anpassung an veränderte Umwelt- und Unternehmensbedingungen im Vordergrund. Marketing braucht in dieser Hinsicht koordinierte Steuerungshilfen.

Eine fehlende Kontrolle hat zur Folge, dass Trends am Markt verschlafen werden, der Wettbewerb schneller und besser agiert, Missverständnisse nicht ausgeräumt werden, wirtschaftliche Erfolge ausbleiben, unnötige Kosten entstehen und unwirtschaftlich gearbeitet wird und letztendlich die Unternehmensexistenz auf dem Spiel steht. Die Balanced Scorcard ist eines der wichtigsten Instrumente zur Überprüfung der Marketingmaßnahmen.

Eine effiziente Marketing-Scorecard strebt eine stabile Finanzsituation an und erzeugt nicht nur Kundenzufriedenheit, sondern auch Kundenbegeisterung. Ferner motiviert sie Mitarbeiter, optimiert die internen Geschäftsprozesse und sichert die Erfolge und damit die Unternehmensexistenz. Es gilt, die zufriedenen Kunden zu begeistern und sie zum Übermittler positiver Imageübertragungen zu machen.

Kundenbindung – nur so gut wie die Integration der Kennzahlen

Theoretisch sind alle Unternehmensaktivitäten auf die Kundenbedürfnisse ausgerichtet. Praktisch besteht oft eine große Kluft zwischen der beschlossenen Strategie und dem operativen Handeln. Die teuer erstellten Strategien zur Kundengewinnung und -bindung werden nur unzureichend umgesetzt; das Wissen über den Kunden wird nicht produktiv in den Unternehmensprozess integriert.

Welche konkreten Schritte zur erfolgreichen und langfristigen Umsetzung der Kundenorientierung sind notwendig?

- Bewusstsein zur Kundenorientierung schaffen;
- Ziele klar formulieren und in Kennzahlen herunterbrechen;
- Auswahl der richtigen Kennzahlen;
- Integration der Ergebnisse in die Balanced Scorecard;
- Implementierung und Kontrolle.

Bewusstsein zur Kundenorientierung schaffen

Die Kunden stellen für das Unternehmen die Quelle der finanziellen Ressourcen dar. Eine Binsenweisheit, die im Gemenge der täglichen Aufgaben oft und gern vergessen wird. Trotzdem werden die Ergebnisgrößen wie Gewinn, Marktanteil, Umsatz und Deckungsbeitrag in den meisten Firmen periodisch verfolgt. Die diesen Kennzahlen zugrunde liegenden Vorsteuerungsgrößen wie Kundenzufriedenheit, Kundenbeschwerden, Kundenloyalität und Kundenbindung werden hingegen unsystematisch oder überhaupt nicht ermittelt. Langfristige Veränderungen im Kaufverhalten oder das Abnehmen der Kundenzahl werden somit erst wahrgenommen, wenn wenig oder keine Zeit zum Gegensteuern mehr bleibt.

Vor allem für Dienstleistungsunternehmen sind diese vorgelagerten marktbezogenen Erfolgsgrößen von grundlegender Bedeutung. Durch den kontinuierlichen Kontakt zwischen Dienstleistungsanbieter und Kunde besteht eine dynamische Beziehung, wobei der Kunde das Unternehmen jedes Mal neu bewertet. Diese Dynamik sowie die Tatsache, dass die Kunden das immaterielle Produkt »Dienstleistung« nicht physisch in Händen halten können, erfordert ein sehr hohes Maß an beständiger Kundenorientierung.

Das Interesse an einer ernst gemeinten Kundenorientierung muss von der Geschäftsleitung in das gesamte Unternehmen beständig und beharrlich kommuniziert werden. Es reicht nicht aus, wenn einzelne Unternehmensabteilungen diesem Konzept folgen.

Ziele klar formulieren und in Kennzahlen herunterbrechen

Die Verwendung von Kennzahlen führt aufgrund der reduzierten Darstellung zwingend zu einer Beschäftigung mit der Strategie. Das klare und offene Kommunizieren der Unternehmensziele legt dafür die Grundlage.

Nur wenn Ziele vorhanden und formuliert sind, können sie in Kennzahlen heruntergebrochen werden. Auch wenn es noch so reizvoll zu sein scheint, Kennzahlen ohne Zielanbindung zu erstellen, sollte allen Beteiligten klar sein, dass eine erfolgreiche und systematische Definition sowie Implementierung von Kennzahlen nur möglich ist, wenn diese konkret mit der Unternehmensstrategie verbunden sind.

Jedem Mitarbeiter müssen die Ziele bekannt sein und so weit durch Kennzahlen verdeutlicht werden, dass er seinen Beitrag zur Verbesserung direkt sehen und den Erfolg messen kann. In diesem Sinne ist es bereits ein Gewinn, wenn sich ein Unternehmen auf wenige Kennzahlen einigt.

Auswahl der richtigen Kennzahlen

Eine standardisierte und unreflektierte Nutzung von Kennzahlen – wie von Beratern gern angeboten – hilft nicht weiter. Nur die Kenntnis des eigenen Unternehmens sowie der strategischen Zielrichtung ermöglicht es, die »richtigen« Kennzahlen zu benennen. Die Kennzahlen der Kundenperspektive müssen deshalb auf Basis der Unternehmensstrategie und der individuellen Kundenbedürfnisse ausgewählt werden. Beide Perspektiven sind notwendig.

Die Kenntnis der Wünsche relevanter Kunden ist ein wichtiger Baustein zum Erfolg. Ein Unternehmen darf sich aber nicht nur sklavisch und undifferenziert nach diesen Kundenbedürfnissen richten. Eine ebenso entscheidende Rolle spielen die verfügbaren Ressourcen, die angestrebte oder vorhandene Kernkompetenz, die ausgewählte Strategie sowie die Abgrenzung gegenüber Wettbewerbern. Die idealen Entscheider verfügen über Erfahrungswerte und Kompetenzen in allen Bereichen.

Ableiten der Kennzahlen aus den Unternehmenszielen

Das Ableiten der Kennzahlen aus der Strategie bietet die Möglichkeit, im Unternehmen eine wichtige Diskussion über die richtigen Kennzahlen, die das Unternehmen weiterbringen, zu initiieren.

Dabei ist das angestrebte Ziel zu beachten. Soll zum Beispiel die Internetnutzung forciert werden, müssen Kennzahlen, welche die Internetnutzung darstellen, festgelegt werden. Von Bedeutung ist auch, ob ein Unternehmen qualitativ oder quantitativ wachsen will. Liegt die Zielsetzung auf Wachstum, müssen die Kennzahlen den Fokus auf Neukunden legen. Steht eher der Ertrag im Blickfeld, könnten als Maßnahme die Mitarbeitergespräche pro Kunde gesteigert werden. Ist dahingegen die Abwanderungsquote der Kunden sehr hoch, darf man nicht nur auf Bestandskunden aufbauen, sondern muss Kenzahlen zur Neukundengewinnung benennen.

Da die Auswahl der Kennzahlen ein sehr komplexes Feld ist, soll hier exemplarisch – anhand der Zielsetzung einer Privatbank – die Ableitung von Kennzahlen verdeutlicht werden:

Ausschöpfung der bestehenden Kundenbeziehungen und langfristige Kundenbindung. Dieses noch abstrakte Ziel wird in zwei Unterziele unterteilt:

- Intensivierung der Betreuung durch Etablierung des ganzheitlichen Beratungsprozesses;
- Verbesserung der Kundenbindung durch höhere Kundenzufriedenheit.

Zu jedem Unterziel wurden Messgrößen und Ziele bestimmt. Daraufhin lassen sich die entsprechenden Maßnahmen definieren.

Ableiten der Kennzahlen aus der Kundenzufriedenheitsbefragung

Neben den Kennzahlen, die aus der Unternehmensstrategie abgeleitet werden, müssen auch die Kundenbedürfnisse in die Kennzahlen einfließen. Sie sollten über die Befragung der Kunden nach ihrer Zufriedenheit erhoben werden. Es ist nicht immer notwendig, dafür eine teure Studie in Auftrag zu geben. In Zusammenarbeit mit einem externen Coach, der gezielt bei einzelnen Schritten unterstützt, sind folgende Punkte zu berücksichtigen:

- Die Auswahl der richtigen Kunden: Dazu ist eine auf Potenziale ausgelegte Kundensegmentierung notwendig. Eine subjektive Auswahl der Kunden – nach Bekanntheit – oder die Befragung innerhalb des Unternehmens sind nicht zielführend.
- Die Auswahl der richtigen Fragen: Auf Basis der Ergebnisse von kleineren Fokusgruppen oder Einzelgesprächen sollten die jeweils geeigneten Fragen zusammengestellt werden.
- Die Art der Befragung: Neben dem Rhythmus der Befragungen muss festgelegt werden, ob die Kunden per Post, Telefon oder möglicherweise direkt über ihren Berater befragt werden können.

Vergleicht man Studien, die Bankkunden nach den Kriterien zur Zufriedenheit befragen, fallen beachtliche Unterschiede auf. Dies verdeutlicht die Wichtigkeit, zum Beispiel Bankkunden nicht als eine einheitliche Menge, sondern als Individuen zu behandeln. Der Unterschied zwischen Retail-Banken und privaten Banken mit einer vermögenden Klientel ist dabei besonders hervorzuheben.

Während das Renditekennzahlensystem von der Grundstruktur her universell übertragbar ist, gibt es bei der Erstellung eines Kennzahlensystems zur Kundenzufriedenheit keine allgemeingültige Definition. Es ist eine individuelle Gestaltung notwendig. Sich hier mit Standardbefragungen zufrieden zu geben heißt die Glaubwürdigkeit der Befragung und der Ergebnisse zu untergraben und an der falschen Stelle zu sparen.

Das Unternehmen muss herausfinden, welche Faktoren für die Kunden tatsächlich relevant sind. Das ist nur in kleinen Fokusgruppen oder Einzelbefragungen machbar, wo ausgewählte Kunden direkt nach den für sie wichtigen Kriterien zur Kundenzufriedenheit befragt werden. Diese Befragung kann gleichzeitig auch als Marketinginstrument zur Kundenbindung oder -gewinnung genutzt werden.

Der Index zur Kundenzufriedenheit wird aus diesen für die Kunden relevanten Faktoren erstellt. Die genannten Kriterien müssen nach Themengebieten gruppiert und nach Prioritäten gewichtet werden.

Danach fällt die Entscheidung, welche Kriterien mit welcher Gewichtung in Kennzahlen überführt und somit in den Index integriert werden.

Um den Index besser im Unternehmen zu verankern und die Mitarbeiter stärker einzubinden, empfiehlt es sich, auch die Kundenberater zu den Kriterien, die sie für relevant für die Kundenzufriedenheit erachten, zu befragen. Die fehlende Kongruenz, die sich zwischen der Kundenbefragung und der Befragung der Berater ergibt – der Vergleich der Außen- und Innenansicht –, liefert wichtige Anhaltspunkte, um die Kundenorientierung schrittweise zu verbessern.

Das Ergebnis einer exemplarischen Befragung in einer Privatbank zeigte, dass die Kunden bevorzugt zu bestimmten Anlässen angesprochen werden möchten. Die Kundenberater schätzten dagegen die Wichtigkeit der bloßen Erreichbarkeit sowie die Performance für die Kunden höher ein.

Integration der Ergebnisse in die Balanced Scorecard

Für eine zügige Integration der Kennzahlen bietet sich die Balanced Scorecard an. Sie hilft bei der Kommunikation der Kennzahlen der Kundenperspektive, da sie die Kennzahlen und Messergebnisse in klar strukturierter Form darstellt. Die BSC unterstützt die Operationalisierung der abstrakten Ziele.

Es muss nun entschieden werden, welche Kennzahlen aus der Strategie und welche Kennzahlen aus der Kundenzufriedenheitsbefragung integriert werden. Bei der Kundenzufriedenheitsbefragung ist es denkbar, dass der Index als eine Kennzahl genommen wird. Es können aber auch Themen, die innerhalb des Indexes eine besondere Stellung haben, als gesonderte Kennzahlen aufgeführt werden.

Die Balanced Scorecard (BSC) ist ein Steuerungs- und Kommunikationsinstrument zur Formulierung, Umsetzung und Prüfung von Unternehmensstrategien. Kernelement ist die Verknüpfung von Strategie und operative Handlungen. Das Konzept ist mehr als ein Kontrollsystem. Es sucht eine »Balance« zwischen quantitativen und qualitativen Kennzahlen.

Für diese ausgewogene Sichtweise gibt es vier Perspektiven: Finanzen, Geschäftsprozesse, Lernen und Entwicklung sowie Kunden. Die Verbindung der vier Perspektiven untereinander ist die Basis, um das Ursache-/Wirkungsnetzwerk abzubilden.

Die Kundenperspektive basiert auf den strategischen Zielen, die das Unternehmen kundenseitig erreichen muss, um hierdurch die Ziele der Finanzperspektive realisieren zu können. Die Kundenperspektive beschäftigt sich also mit der Frage »To achieve our vision, how should we appear to our customers?«

Zu oft wird die BSC als Lösung aller Probleme angepriesen. Sie ist aber nur eine Hülle. Die Inhalte, dass heißt die Kennzahlen, müssen von den Managern selbst erarbeitet werden.

Die Tatsache, dass die BSC keine vorgefertigte starre Lösung anbietet, sondern an die individuellen Unternehmensbelange angepasst werden muss, ermöglicht einerseits eine freie unternehmensspezifische Gestaltung. Andererseits erschwert diese Offenheit die Auswahl der relevanten Kennzahlen. Es sei nochmals betont: Nur mit der bloßen Einführung der BSC wird nichts besser. Sie entbindet die Firma nicht von der Auseinandersetzung mit den speziellen Inhalten und Kennzahlen.

Ist in einem Unternehmen keine Balanced Scorecard vorhanden, kann auch über eine Marketing-BSC nachgedacht werden. Zwar sind die Verknüpfungen dann nur begrenzt möglich, der Bereich kann sich aber besser aufstellen als zuvor.

Implementierung und Kontrolle

Ein weiterer Meilenstein zum Erfolg ist die Berücksichtigung möglicher Umsetzungsrisiken von Anfang an. Ohne die aktive Unterstützung jedes einzelnen Mitarbeiters lassen sich auch die besten Konzepte kaum realisieren. In der Praxis werden Veränderungen von vielen Mitarbeitern jedoch eher als Gefahr denn als Chance begriffen. Die Mitarbeiter müssen gewonnen werden, aber auch die volle und nachhaltige Unterstützung der Geschäftsführung – selbst bei Problemen – muss klar zu erkennen sein. Die Funktion der Geschäftsführung als »Erfolgsverstärker« wird bei länger dauernden Projekten oft vergessen.

Die BSC – als Kommunikationsinstrument – hilft dabei, den Mitarbeitern die Beziehungen der einzelnen Kennzahlen zueinander darzustellen sowie sukzessive ein Verständnis für das Überprüfen der Ergebnisse aufzubauen. Die Steuerung mit Kennzahlen ist nur möglich, wenn die Mitarbeiter verstehen, wie diese entstanden sind und wie sie selbst zur Verbesserung beitragen können. Ein Kennzahlensystem ist erst dann als erfolgreich zu werten, wenn sich Handlungen deutlich verändert haben.

Ein Kennzahlensystem kann nicht nebenher entwickelt werden. Für eine professionelle Einführung ist es notwendig, eine Projektstruktur mit einem Projektleiter, einzelnen Teams, Meilensteinen und einer Zeitplanung aufzubauen. Betroffene Personen, die später an den Kennzahlen gemessen werden, sollten unbedingt an der Entwicklung der Kennzahlen und der Festlegung der zu erreichenden Ziele beteiligt werden. Eine Verknüpfung mit dem Vergütungssystem ist anzustreben. Allerdings sollten die Zielvereinbarungen so aufeinander abgestimmt werden, dass sie nicht kontraproduktiv wirken.

Um die qualitativen Ziele der Kundenperspektive im Vorfeld zu überprüfen, sollte ein Marketing-Audit – eine Art Qualitätszirkel, der nicht nur aus Marketingmitarbeitern besteht – angesetzt werden. Dieser Kreis prüft in regelmäßigen Abständen die Relevanz der einzelnen Kennzahlen.

Erwarten Sie nicht das ultimative Kennzahlensystem. Das gibt es nicht. Starten Sie mit einigen wenige Kennzahlen. Das System wird sich Schritt für Schritt entwickeln. Bereitschaft zur Veränderung erreichen Sie nur durch die Kommunikation mit den Beteiligten. Nehmen Sie sich die Zeit dafür!

Für die Verbesserung der Kundenorientierung eines Unternehmens ist sowohl die Bestimmung der relevanten Kennzahlen als auch die Einsetzung der BCS als Steuerungs- und Kommunikationsinstrument von grundlegender Bedeutung.

Um die entsprechenden Kennzahlen der Kundenperspektive zu definieren, sollten die Vorgaben aus der Unternehmensstrategie sowie die Ergebnisse aus der Kundenzufriedenheitsbefragung abgeleitet werden.

Die Balanced Scorecard ist durch ihre Übersichtlichkeit und Transparenz ein geeignetes Instrument, Kennzahlen der Kundenperspektive im Gesamtunternehmen zu kommunizieren. Die Integration der Kundenperspektive der BSC führt außerdem zu gesteigerter Akzeptanz qualitativer Kennzahlen, da auch das Verständnis für die Bedeutung dieser Zahlen im Unternehmen zunimmt.

Nicht die Strategien selbst, sondern deren fehlende Umsetzung ist oft verantwortlich für die unzureichende Wirkung im Markt.

Begeistern Sie Ihre Kunden nachhaltig

In diesem Abschnitt werden folgende Themen behandelt:

▶ Der Kunde als Unternehmensbotschafter
▶ Gute Geschäftsbeziehungen
▶ Anstoß von Innovationen
▶ Existenzsicherung

Nachhaltigkeit heißt, den Kunden konsequent zu bedienen. Das heißt also, dem Kunden auch außerhalb der Geschäftszeiten oder wenn Sie auf Dienstreise sind, Maßnahmen anzubieten, die ihn zufrieden stellen. Wenn Ihnen das gelingt, wird er nicht nur zufrieden sein – das schaffen schon Ihre erstklassigen Produkte –, sondern er wird begeistert sein. Der Weg von der Kundenzufriedenheit zur Kundenbegeisterung ist steinig. Aber das ist gerade die Kür im Marketing.

Haben Sie erst einmal einen neuen Kunden gewonnen, gilt es, ihn als Stammkunden zu hegen und zu pflegen. Beachten Sie dabei folgende Aspekte:

• Bestimmen Sie, wann Ihr Kunde zum Stammkunden wird.
• Sammeln Sie so viele Informationen wie möglich über Ihren Kunden.
• Erinnern Sie sich an geschäftliche und private Details.
• Zeigen Sie dem Kunden, dass er wichtig für Sie ist.
• Motivieren Sie Ihren Kunden zum Wiederholungskauf.
• Verführen Sie ihn dazu, mehr zu kaufen.
• Belohnen Sie Ihren Kunden für seine Treue.
• Bringen Sie ihn dazu, dass er gut über Sie redet.
• Nutzen Sie das Vertriebspotenzial Ihres Kunden.

Den Kunden mit Produkten und Dienstleistungen zufrieden zu stellen ist eine Sache, die Fähigkeit, Kunden zu begeistern, eine ganz andere. Denn sie erfordert weitaus mehr Geschick und eine langfristige Strategieausrichtung. Allerdings sollte jedem Unternehmer bewusst sein, dass der Zusatznutzen für den zufriedenen Kunden höher liegen muss als die dadurch verursachten Mehrkosten. Beachten Sie, wie in Abbildung 31 der Nutzen die Kosten übersteigen kann.

Erkennbar ist, dass sich die optimale Situation für beide Parteien – nämlich kostenseitig für den Unternehmer und nutzenseitig für den Kunden – in der Mitte der beiden Kurven befindet. Wie aber wird dieser Zusatznutzen generiert? Hierbei spielen zwei wesentliche Faktoren eine entscheidende Rolle, nämlich die Nutzenerwartung und die Wertschätzung der Konsumenten. Die Kundenbindung wird eingeleitet von der Kundennähe und der anschließenden Kundenzufriedenheit. Hat der Kunde diese Phasen durchlaufen, kann von anschließender Kundenbindung gesprochen werden.

Welche Strategie ist die bessere: Konzentration auf Stammkunden oder Gewinnung von Neukunden? Grundsätzlich muss beides berücksichtigt werden, sowohl die Gewinnung neuer als auch die Bindung derzeitiger Kunden. Jedoch gilt auch hier die Regel: Es ist siebenmal schwieriger, einen Neukunden zu gewinnen, als einen bestehenden Kunden zu halten. Dennoch ist auch festzustellen, dass derjenige, der sich lediglich auf die Bindung der gegenwärtigen Kunden verlässt, in Gefahr gerät, nicht weiter zu wachsen, was zwangsläufig zu Stagnation führt.

Die Kundenbindung ist ein wichtiger Wettbewerbsfaktor, da die Konkurrenz kaum eine Chance hat, einen loyalen Kunden abzuwerben. Dieser Aspekt ist beispielsweise im Gesundheitswesen von hoher Relevanz. »Ich gehe zum Arzt meines Vertrauens.« ist eine häufige Aussage in der Praxis. Ein Patient, der sich seit vielen Jahren gut behandelt und beraten fühlt, wird nicht zu einem neuen Arzt wechseln. Ist diese Situation jedoch eingetreten, kann die Ursache für einen Praxiswechsel erforscht werden.

Insbesondere diese Patienten verfügen möglicherweise über wertvolle Informationen, was in der Praxis schief gelaufen ist. So ist es beispielsweise möglich, dass der Patient aufgrund langer Wartezeiten, ungünstiger Öffnungszeiten oder mangelhafter Betreuung durch die Arzthelfer und -helferinnen die Praxis wechseln möchte. Dies alles sind relevante Informationen, die jeder Arzt ernst nehmen und korrekt auswerten sollte, um

Abbildung 31: Kosten-Nutzen-Analyse

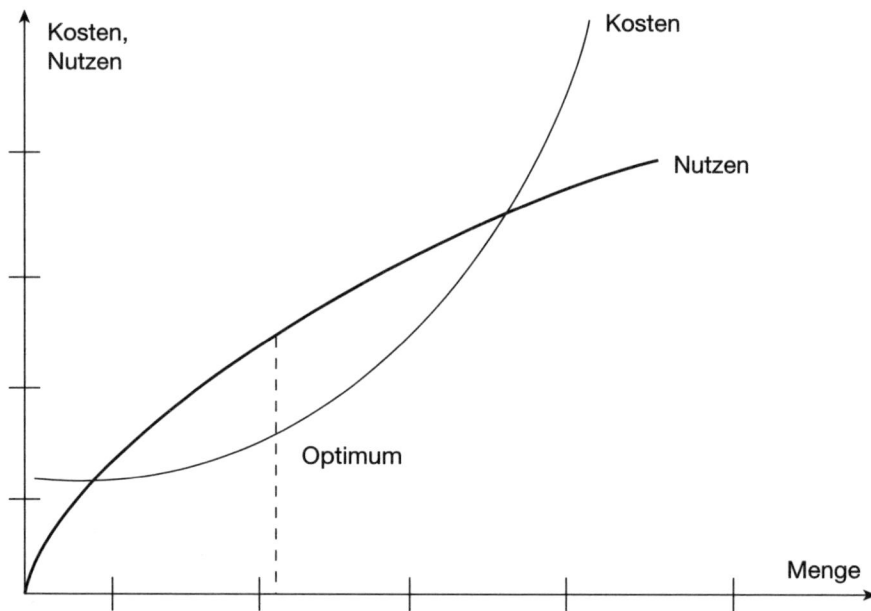

sowohl Verbesserungen als auch Verschlechterungen zu erkennen und ein Abwandern der Patienten zu vermeiden.

Natürlich sollte eine Praxis dem auch präventiv entgegensteuern. Hinsichtlich der Bindung der Patienten gibt es eine Vielzahl effektiver Methoden. Beispielsweise ist es wichtig, Patienten rechtzeitig an einen regelmäßigen Untersuchungstermin zu erinnern. Dies kann am besten durch die Versendung eines Erinnerungsschreibens per Post oder durch einen Telefonanruf erfolgen. Darüber hinaus kann es sinnvoll sein, dem Patienten nach dem Besuch eine kurze Zusammenfassung der Behandlung inklusive eines Hinweises auf abgesprochene Medikamenteneinnahmen zu geben. Dadurch bekommt der Patient das Gefühl, gut aufgehoben zu sein.

Herkömmliche Maßnahmen wie zum Beispiel die Versendung von Gruß- beziehungsweise Genesungskarten oder die Verteilung von kleinen Werbegeschenken zu Anlässen wie beispielsweise Geburtstag, Weihnachten und Ostern sind effiziente Kundenbindungsmaßnahmen, die mit geringem Aufwand einen hohen Erfolg erzielen können.

Der Kunde als Botschafter für das Unternehmen

»Kunden werben Kunden« ist ein beliebtes Instrument, um Kunden an das Unternehmen zu binden. Unterschätzt wird oftmals die Wirkung als Mittel zur tatsächlichen Neukundengewinnung. Gewiss ist es nett, wenn der langjährige Kunde Herr Meier immer wieder gerne zu Ihnen kommt, um sich umfassend beraten zu lassen und einen Abschluss zu tätigen. Vielfach zeigt jedoch die Unternehmenspraxis, dass dieses Instrument nur unzureichend genutzt wird. Geradezu stiefmütterlich eingesetzt und lediglich als »Beiwerk« des Kundeninstrumentariums verstanden, wird dabei vernachlässigt, dass eine erstklassige Bedienung des Kunden ihn zum begeisterten Botschafter des Unternehmens werden lässt. Gleichzeitig bleibt beinahe unbeachtet, dass diese Form der Kundengewinnung die nahezu beste ist. Denn nicht nur der Zugang zum Neukunden wird vereinfacht, gleichzeitig reduzieren sich auch die Akquisitionskosten nahezu gegen null. Noch ein weiterer positiver Effekt: Ihre Kundschaft kennt sich. Die Gemeinschaft der Kunden zu fördern wird somit erleichtert, gleichwohl birgt dies die Gefahr negativer Auswirkungen bei einer eventuellen Fehlleistung Ihrerseits, wie das obige Beispiel der Arztpraxis zeigt.

Die Rolle des Botschafters ist die höchste Form der Kundenbindung. Konnten Sie Ihren Kunden zufrieden stellen, wird er die Kundenbeziehung auch weiter aufrechterhalten. Konnten Sie ihn zudem für Ihre Produkte und Dienstleistungen derart begeistern, dass er positiv darüber spricht, verhält er sich loyal gegenüber dem Unternehmen. Dies bildet die beste Basis für eine langfristige Kundenbindung.

Ziel jeglicher Kundenbindungsmaßnahmen muss es demnach sein, ein Treueerlebnis zu vermitteln, was die Wechselbereitschaft auf ein Minimum reduziert und jegliche Abwanderungstendenzen ausschaltet. Das Motto lautet: Stelle deine Kunden nicht nur zufrieden, sondern schaffe möglichst vielschichtige Verbindungen über die unterschiedlichsten Wege: Der Kunde, der einen Bedarf an einer Problemlösung hat, wird zunächst die ihm bekannten und mit Erfahrungen verbundenen Marken präferieren. Und erst bei unzureichender Erfüllung wird er Alternativen suchen und diese gegebenenfalls in Erwägung ziehen. Gemeinsame Erfolge bieten die notwendige Vertrauensbasis, wodurch Loyalität gebildet wird.

Der Kunde als Freund und Partner

Je freundlicher eine Geschäftsbeziehung gestaltet wird, desto mehr Geschäfte sind möglich. Je unfreundlicher die Gestaltung ist, desto größer ist das Misserfolgspotenzial. Sie müssen nicht mit jedem Kunden gemeinsam auf Reisen gehen, aber ein Mindestmaß an gesellschaftlicher Kontaktpflege – dem Umfang und der Art der Geschäftsbeziehung angemessen – sollte selbstverständlich sein. Auf der anderen Seite merkt Ihr Kunde sehr schnell, ob Sie seiner Einladung gerne oder mehr oder weniger widerwillig Folge leisten. Eine Kundenbeziehung ist wie eine Freundschaft. Ohne eine ernsthafte und ehrliche Pflege dieser doch menschlichen Beziehungskontakte werden Sie nachhaltig keinen Erfolg haben.

Im internationalen Management sind die Ansprüche an die auswärtigen Kulturen noch viel ausgeprägter als in Deutschland. Denken Sie nur einmal an einen chinesischen Geschäftspartner. Hier kann es durchaus vorkommen, dass Sie eine überlegene technische Leistung anbieten, jedoch erst zum Abschluss kommen, nachdem Sie mit ihm eine einwöchige Reise hinter sich gebracht haben. Mit einem Chinesen, der keine Sympathie für Sie empfindet, machen Sie keine Geschäfte.

Der Kunde als Innovator

Partnerschaftliche Beziehungen sind auch dafür die Voraussetzung, dass Geschäftsmodelle weiterentwickelt werden und neue Ideen in die Produktgestaltung mit einfließen. Schaffen Sie deshalb nicht nur eine Gemeinschaft der Kunden, sondern fördern Sie auch den regen Austausch mit ihnen. Denn der Kunde weiß am ehesten, was er braucht und welche Leistungen er von Ihnen erwartet.

Schon die einfachste Kontaktmöglichkeit wie ein einfacher Handzettel zur Abfrage der Zufriedenheit mit den gelieferten Produkten kann wertvolle Informationen für zukünftige Produktentwicklungen bringen.

Vorschlagswesen ist hierbei das Stichwort: Schreiben Sie Preise auf die Lieferung neuer Ideen aus. Ähnlich wie im innerbetrieblichen Vorschlagswesen sollten auch Kunden die Möglichkeit bekommen, das Angebotsprogramm mitzugestalten. Gerade dies bietet Ihnen die Chance, den

Bedürfniswandel beim Kunden frühzeitig zu erkennen und innovativ zu verwerten. Und Sie gewinnen zusätzliches Kundenvertrauen als Basis der Loyalität.

Der Kunde als Existenzsicherer

»Nicht ohne meinen Kunden« könnte der Titel der neuesten Hollywoodproduktion über den phänomenalen Konkurs Ihres Unternehmens sein. Denn wer bringt den Ertrag? Ihre Vertriebsmitarbeiter? Natürlich! Aber nur deshalb, weil sie verstehen, wie der Kunde »tickt«, denkt, fühlt und handelt.

Vermitteln Sie deshalb auch Ihren Mitarbeitern, wer tatsächlich für die Lohnzahlung verantwortlich ist. Nicht Sie als Unternehmer sind es, sondern Ihre Kunden! Kundenorientierung heißt, den Fokus auf die Geschäftsbasis, die Kundenbeziehung an sich, zu legen. Was helfen die besten Produkte, wenn keiner sie nachfragt? Eine Messe ohne Besucher ist eine tote Messe. Stellen Sie sich vor, es ist Börsentag und keiner handelt. Vermitteln Sie sich selbst und Ihren Mitarbeitern die Notwendigkeit, den Kunden fair und nachhaltig zu behandeln. Machen Sie sich und Ihre Mitarbeiter zu Botschaftern und Existenzsicherern für Ihr Unternehmen. Reden Sie schlecht über Ihr Unternehmen, dann tut es Ihr Kunde auch. Der Unterschied liegt darin, dass er es vermutlich noch viel mehr Menschen weitererzählt!

Planen Sie auch das Recht mit ein

In diesem Abschnitt werden folgende Themen behandelt:

▶ E-Mail-Marketing
▶ Irreführende Werbung
▶ Werbung für Minderjährige
▶ Urheberrechte

Was bringt die tollste Marketingidee, wenn ihrer Umsetzung – durch Gerichtsentscheidung – ein teures und vielleicht auch frühzeitiges Ende droht? Marketing bleibt in der Praxis oftmals erfolglos, weil rechtliche Vorschriften nicht beachtet werden.

Rechtliche Grenzen

Zu diesen Grenzen gehören etwa die Vorgaben des UWG (Gesetzes gegen den unlauteren Wettbewerb), des Marken- und Kennzeichenrechts, des Urheber- und Bildnisrechts sowie zahlreicher weiterer Gesetze. Auch wenn ganze Rechtsbereiche liberalisiert werden, wie etwa das UWG, sind die Anforderungen an ein rechtmäßiges Marketing hoch.

Schon der richtige Weg zur Kundengewinnung ist reglementiert. Nehmen wir als Beispiel das E-Mail-Marketing. Diese schnelle und günstige Form des Direktmarketing nutzen viele Unternehmen zur Akquisition neuer Kunden – ist es doch siebenmal so zeit- und kostenintensiv, einen Neukunden zu gewinnen, als einen zufriedenen Stammkunden zu halten. Unangeforderte Werbe-Mails, auch verpackt als »Newsletter«, sind jedoch unzulässig, sei es im B2C- oder im B2B-Bereich.

Selbst bei einer bestehenden Geschäftsbeziehung ist E-Mail-Werbung nur unter eng gefassten Voraussetzungen erlaubt. Ein Unternehmen, das die E-Mail-Adresse eines Kunden im Zusammenhang mit dem Verkauf einer Ware oder Dienstleistung erhalten hat, darf diese Adresse (nur) zur Werbung für eigene ähnliche Waren oder Dienstleistungen nutzen. Gleich oder ähnlich sind (nur) Waren oder Dienstleistungen, die aus Sicht eines durchschnittlich informierten Kunden denselben Bedarf decken, also substituierbar sind. Zudem muss der Kunde bei Erhebung der Adresse und in jeder E-Mail klar und deutlich darauf hingewiesen werden, dass er die Werbe-Mails jederzeit (ohne Kosten) abbestellen kann. Dass der Kunde sein Einverständnis zur Zusendung der Werbe-Mails erteilt hat, hat das Unternehmen zu beweisen. Dieses ist sogar verantwortlich für eine fehlerhafte Zusendung, verursacht etwa aufgrund eines Schreibfehlers. (Quelle: Bundesgerichtshof, Urteil vom 11.3.2004 – I ZR 81/01, www.bundesgerichtshof.de, Sucheingabe: »E-Mail-Werbung«).

Im Zusammenhang mit der Kundenstrategie ist beispielsweise das Verbot irreführender Werbung von Bedeutung. Bei einem Lebensmittelmarkt, der den Preis in den Mittelpunkt seiner Kampagne stellt und seine Produkte mit dem Begriff »Dauertiefpreise« bewirbt, müssen die Preise tatsächlich unter den sonst üblichen Marktpreisen liegen. Zudem erwarten die Kunden, dass die entsprechenden Waren für eine gewisse Zeitspanne zu diesem Preis angeboten werden, hier für mindestens einen Monat. (Quelle: Bundesgerichtshof, Urteil vom 11.12.2003 – I ZR 50/01, www.bundesgerichtshof.de, Sucheingabe: »Dauertiefpreise«).

Auch darf der Kunde nicht unangemessen unsachlich beeinträchtigt werden in seiner Kaufentscheidung. Aufgrund psychischen Kaufzwangs unzulässig ist etwa die Markteinführung eines neuen Haartönungsmittels durch eine kostenlose circa einstündige Erstkoloration, die bei ausgewiesenen Friseuren zu erhalten ist. Durch diese erhebliche unentgeltliche Zuwendung wird der Kunde rechtswidrig veranlasst, Produkte nicht wegen ihrer Preiswürdigkeit, sondern aus einem Gefühl der Dankbarkeit »anstandshalber« zu kaufen. (Quelle: Bundesgerichtshof, Urteil vom 26.3.1998 – I ZR 231/95, GRUR (Gewerblicher Rechtsschutz und Urheberrecht, Zeitschrift) 1998, 1037).

Spricht das Unternehmen Minderjährige durch die Werbung an, gilt ein besonders strenger Maßstab. Die Ausnutzung ihrer geschäftlichen Unerfahrenheit oder Leichtgläubigkeit ist unzulässig. So ist etwa folgende

Marketingkampagne eines Herstellers von Süßigkeiten und Keksen wettbewerbswidrig: In einer Aktion »Sammelt für unsere Klassenfahrt« können Schüler und deren Familien »Klassenfahrtpunkte« sammeln, die auf den Produktverpackungen aufgedruckt und in ein aus dem Internet herunterladbares »Klassensparbuch« einzukleben sind. Bei insgesamt 222 Punkten kann das Sparbuch bei einem Reisebüro eingelöst werden und berechtigt eine Schulklasse zu einer Dreitagesreise in eine deutsche Großstadt zum Komplettpreis von 99 Euro je Person. Durch diese Aktion wirkt das Unternehmen in unangemessener und unsachlicher Weise auf die Entscheidungsfreiheit der Schüler und ihrer Eltern ein. Entscheidet sich nämlich eine Schulklasse mehrheitlich für eine solche »subventionierte« Klassenfahrt, haben es die »Abweichler«, seien es Schüler oder ihre Eltern, schwer, sich durchzusetzen. Sie könnten sich, auch seitens der Lehrer, dem Vorwurf des »Spielverderbers« und der mangelnden Solidarität mit der Klassenmehrheit ausgesetzt und schon deshalb gezwungen sehen, notgedrungen doch die Klassenfahrt durch den Kauf der Produkte dieses Unternehmens und damit den Erwerb von Punkten zu unterstützen. Hierdurch werden Eltern und Kinder auch unter Druck gesetzt, auf Käufe von Konkurrenzprodukten zu verzichten oder überflüssige Käufe zu tätigen, von denen sie ohne die »Klassenfahrtaktion« abgesehen hätten. (Quelle: Oberlandesgericht Celle, Urteil vom 21.7.2005 – 13 U 13/05).

Häufig stellen sich im Marketing Fragen aus dem Urheber- und Bildnisrecht. Hierzu sei auf folgendes Beispiel verwiesen: Ein Unternehmen wirbt in einem Beiheft einer Architekturzeitschrift mit einem Farbprospekt für Küchenherde. Auf dem Prospekt befindet sich ein Foto mit einer Reisegruppe bei einer rustikalen Mahlzeit. Die Vervielfältigung und Verbreitung des Fotos ist rechtswidrig, wenn der Fotograf der Reisegruppe nur mitgeteilt hatte, für eine bestimmte Zeitschrift zu arbeiten. Die Verwendung eines Bildnisses zu Werbezwecken erfordert eine ausdrückliche Einwilligung des Abgebildeten, die sich auf den erkennbar verfolgten Nutzungszweck bezieht. Eine Bildnisnutzung im Rahmen eines Farbprospektes, verteilt als Beilage einer Architekturzeitschrift, war für die Abgebildeten nicht erkennbar. (Quelle: D. Nennen, »Medienrecht« im *Steuerberater-Rechtshandbuch* (Loseblattwerk, Stand: April 2006), Rdn. 50 folgende).

Urheberrechte anderer werden in der Praxis regelmäßig missachtet. Das Urheberrechtsgesetz schützt selbst unspektakuläre Amateurfotos. Ebenso sind einfache Stadtpläne oftmals urheberrechtlich geschützt, anerkannt etwa für einen Verkehrsplan der Insel Rügen in Form einer Strichskizze. Die Übernahme von fremden Fotos oder von (Teilen aus) einem Stadtplan für die eigene Homepage ist rechtswidrig und bleibt angesichts heutiger Sicherungsmethoden, wie versteckter Wasserzeichen, nicht lange unentdeckt. Auch Streitigkeiten um übernommene Texte sind an der Tagesordnung, daher sollten auch Werbetexte und Slogans (Claims) auf urheber- sowie marken- und kennzeichenrechtliche Unbedenklichkeit hin überprüft werden. (Quelle: D. Nennen, »Rechtsschutz von Akquiseleistungen der Werbebranche«, WRP (Wettbewerb in Recht und Praxis, Fachzeitschrift) Heft 9, 2003, Seite 1076 folgende)

Die Frage, ob eine Maßnahme rechtmäßig ist oder nicht, ist oftmals selbst für Juristen schwierig zu beantworten. Trotz – oder gerade wegen – der Fülle der Rechtsvorschriften und Entscheidungen, inklusive der Vorgaben aus Europa, ist die Rechtsanwendung häufig nicht eindeutig vorgegeben. Viele gesetzliche Bestimmungen enthalten unbestimmte und so genannte wertausfüllungsbedürftige Rechtsbegriffe. Dadurch kommt es zu unterschiedlichen Entscheidungen der Gerichte.

Als Beispiel dient ein Fall der Firma Benetton, die weltweit Textilien vertreibt. Der Bundesgerichtshof hielt das Abbild eines unbekleideten menschlichen Gesäßes mit der Aufschrift »H.I.V.-POSITIVE« im Jahr 1995 für unzulässig. Diese Entscheidung hob das Bundesverfassungsgericht wieder auf, das den Schutz der Meinungsfreiheit im Rahmen der Wirtschaftswerbung betonte. Nicht jedes (mittelständische) Unternehmen hat die finanziellen Möglichkeiten, einen Prozess durch alle Instanzen zu riskieren.

Lassen Sie sich helfen

Angesichts der Unwägbarkeiten sollten Sie sich in einem frühzeitigen Planungsstadium über die rechtlichen Risiken einer Kampagne oder Maßnahme informieren. Nur auf der Basis einer fachkundigen Einschätzung können Sie den »worst case« erkennen und, etwa durch Rückstellungen, einkalkulieren. Wenn Sie nicht über eine eigene Rechtsabteilung verfügen oder eine solche zwar vorhanden ist, aber die eingangs beschriebenen Rechtskenntnisse fehlen, lassen Sie sich durch einen spezialisierten Rechtsanwalt beraten.

Sofern Sie eine Werbeagentur mit der Konzeption einer Kampagne beauftragen, hat diese die umfassende und eingehende rechtliche Kontrolle zu leisten. Die Agentur ist verpflichtet, die von ihr erarbeitete Maßnahme auf ihre Rechtmäßigkeit hin zu überprüfen und auf eventuelle rechtliche Bedenken hinzuweisen. Dies gilt auch bei Werbung unter Zeitdruck. Ist die Agentur nur zur Streuung fremdkonzipierter und -umgesetzter Werbemittel beauftragt, muss sie als Fachdienstleisterin auf grobe und unschwer erkennbare Rechtsverstöße aufmerksam machen. Je nach Einzelfall kann die Prüfungspflicht aber auch entfallen, etwa wenn eine Media-Agentur nur beauftragt ist, für die Platzierung von Werbung zu sorgen, ohne deren inhaltliche Gestaltung überhaupt zu kennen. (Quelle: D. Nennen, »Vertragspflichten und Störerhaftung der Werbeagenturen«, GRUR (*Gewerblicher Rechtsschutz und Urheberrecht*, Zeitschrift), Heft 3, 2005, Seite 214 folgende mit weiteren Einzelheiten).

Werfen Sie einen Blick zurück

In diesem Abschnitt werden folgende Themen behandelt:

▶ Erhebung der Kundenzufriedenheit
▶ ALPEN-Mix
▶ CRM
▶ Neue Medien

Nicht die Vergangenheit zählt, die Zukunft ist entscheidend! Daran sollten Sie denken, wenn Sie dieses Buch gelesen haben. Das heißt für Sie: Denken, planen und handeln! Nutzen Sie das, was Sie an wertvollen Erkenntnissen gewonnen haben, wenn Sie das nächste Mal einen Kunden vor sich haben. Sie haben nun verstanden, dass optimale Marktinformationen das Fundament Ihres Erfolgs bilden. Nur wer die Märkte kennt, die Marktteilnehmer (Mitarbeiter, Kunden, Mitbewerber, Lieferanten, Umfeld) analysiert, sich kontinuierlich erreichbare Ziele setzt, zweckmäßige Strategien ableitet und darauf mit optimiertem Instrumenteneinsatz reagiert, führt das Unternehmen oder die Geschäftseinheit marktgerichtet und erfolgreich. Deshalb steht das systematische Analysieren und Bewerten von Daten sowie die Bereitstellung von entscheidungsrelevanten Informationen für Marketingentscheidungen am Anfang eines ganzheitlichen Kundenmarketings.

Um es auf den Punkt zu bringen: Fragen Sie doch einfach in der nächsten Woche Ihre Kunden, was ihnen gefällt, was nicht und was sie verbessern würden. Eine derartige Erhebung ist mit einem einfachen Kurzfragebogen, wie aus Hotels oder Autovermietungen bekannt, anhand von wenigen einfachen Fragen und einer Dreierskalierung, beispielsweise mit drei unterschiedlichen Smileys, durchführbar:

- :-) gut,
- :-I na ja,
- :-(unzufrieden.

Mögliche Fragen für das Postkartenformat wären:

- Waren Sie heute mit unserer Leistung zufrieden?
- Stimmte das Timing?
- Werden Sie unsere Leistungen weiternutzen?
- Würden Sie uns weiterempfehlen?
- Und was Sie uns noch sagen wollten ....

Nach diesem Marktforschungsblock gilt es, aus den gewonnenen Informationen geeignete Marketingziele abzuleiten, die mit den Unternehmenszielen abgestimmt sein müssen. Oberstes Ziel ist die Erlangung und Behauptung eines oder mehrerer Wettbewerbsvorteile, das heißt eine im Vergleich zum Wettbewerb überlegene Leistung.

Darüber hinaus haben Sie den ALPEN-Mix kennen gelernt, das Orchester für die Melodie, die Ihren Kunden umschwärmt. Ganzheitliche Erlebnisse zu gestalten, kundenindividuelle Problemlösungen im Angebotsprogramm und ein effektives Netzwerk zwischen Ihnen und dem Kunden zu schaffen sind hierbei die Herausforderungen. Serviceleistungen sind heute nicht mehr nur das Sahnehäubchen auf dem Kuchen, sondern das Fundament einer jeden Geschäftsbeziehung. Treten Sie regelmäßig in Kontakt mit Ihrem Kunden, informieren Sie ihn mittels Newsletter oder in Kundenveranstaltungen über Neuheiten, motivieren Sie ihn aber auch zur aktiven Mitarbeit, um gemeinsam Produkte, Verpackungen, Anzeigen oder Werbemittel effektiv weiterzuentwickeln.

Unterstützt werden Sie dabei im Idealfall durch ein ausgeklügeltes Customer-Relationship-Management (CRM), welches Ihr eigenes Gedächtnis und das Ihrer Vertriebsmitarbeiter und Kundenkontakter unterstützt und die Kundenbeziehung technisch abbildet.

Im Idealfall erreichen Sie dadurch eine höhere Kundentreue und größere Kundenzufriedenheit. Ein positiver Nebeneffekt ist, dass nicht nur Ihre Kunden zufriedener sind, sondern auch Sie selbst, wenn Sie merken, dass Akquisitionskosten sinken, Entwicklungskosten niedriger ausfallen oder weniger Werbebroschüren notwendig werden. Sie schaffen es damit nachhaltig, Ihre Gewinne zu steigern.

Der moderne »Marketer« verwendet bewährte wissenschaftliche Methoden in Verbindung mit neuen Medien. Diese Kombination bringt in der Regel den gewünschten Erfolg. Dabei sind Know-how, Kreativität und Innovation ebenso wichtig wie eine klare Positionierung und der Wille zum Erfolg. Auf diesem Grundgedanken beruhen die Ziele, »anders« und/oder »besser« zu sein. Leiten Sie daraus die entsprechenden Marketingstrategien und den Einsatz der Marketinginstrumente (Produkt/Leistung, Preis, Kommunikation und Distribution) ab.

Danksagung

Mein ausgesprochener Dank gilt dem gesamten Team von *infomarketing*, das durch hervorragende Recherchen, kreative Ideen und kritische Diskussionsbeiträge wesentlich zum Gelingen des Buchprojekts beigetragen hat. Vor diesem Hintergrund gilt ein herzliches Dankeschön Herrn Daniel Burzak, Herrn Dennis Erbe, Frau Melanie Köbke, Herrn Christian Kokot, Herrn Roland Kretzschmar, Herrn Mirco Lomb, Frau Melanie Parma, Herrn Martin Steinbach und Frau Eva Velten. Herrn Michael Gau danke ich für die Ausarbeitung zur *Customer Intelligence*.

Für die partnerschaftliche und flexible Verlagsbetreuung danke ich insbesondere dem verantwortlichen Lektor des Campus Verlags Herrn Dr. Rainer Linnemann, der Redakteurin Dunja Renlein sowie Frau Jana Fritz. Das Team vom *Campus Verlag* hatte stets für die inhaltlichen und formalen Abstimmungen ein offenes Ohr und ist mir in dem mittlerweile dritten gemeinsamen Buchprojekt aufgrund der freundschaftlichen Kooperation sehr ans Herz gewachsen. Darüber hinaus danke ich meinen Lektoren Frau Ute Thenhaus, Herrn Edgar Reinhardt, Herrn Dr. Wolfgang Jäkel und meinem Bruder Volkmar Pfaff für die systematische Durchsicht des Manuskripts und die vielen konstruktiven Verbesserungsvorschläge.

Frau Andra John danke ich für den gemeinsamen Artikel zur Auswahl, Erhebung und Implementierung der relevanten Kennzahlen zur Entwicklung der Kundenperspektive in der Balanced Scorecard.

Meinem Kollegen Professor Dr. jur. Dieter Nennen danke ich für die rechtlichen Aspekte des Marketing. Er ist Dekan des Fachbereichs Medienwirtschaft an der Rheinischen Fachhochschule Köln und Inhaber des Lehrstuhls für Urheber- und Medienrecht, Gewerblichen Rechtsschutz und Internationales Medienrecht. Er ist zugleich selbstständiger Rechtsanwalt in Brühl bei Köln und als Autor verantwortlich für das Medienrecht im Loseblattwerk des *Steuerberater-Rechtshandbuchs*, Stollfuss

Verlag, Bonn. Weitere Informationen erhalten Sie unter www.nennen. de. Für Anmerkungen, Kommentare und Rückfragen ist Herr Professor Dr. jur. Dieter Nennen unter folgender Mail-Adresse erreichbar: nennen@ nennen.de

Auch das familiäre Umfeld trägt seinen Teil zum Erfolg bei. In diesem Zusammenhang gilt mein besonders herzlicher Dank meiner Frau Barbara und meinen Söhnen Christian und Florian.

Literatur

Altensen, A./Pfaff, D.: »Ergebnisse einer bundesweiten Studie zur Competitive Intelligence«, in: Michaeli, R.: *Competitive Intelligence*, Heidelberg 2005, S. 60–82.

Baumgarth, C.: *Markenpolitik*, 2. Auflage, Wiesbaden 2004.

Baumgarth, C. (Hrsg.): *Marktorientierte Unternehmensführung. Festschrift für Herrmann Freter*, Frankfurt am Main 2004.

Becker, J.: *Marketing-Konzeption – Grundlagen des strategischen und operativen Marketing-Managements*, 7. Auflage, München 2001.

Benkenstein, M.: *Strategisches Marketing: ein wettbewerbsorientierter Ansatz*, 2. Auflage, Stuttgart 2002.

Berlit, W.: *Vergleichende Werbung*, München 2002.

Bruhn, M.: *Integrierte Kundenorientierung – Implementierung einer kundenorientierten Unternehmensführung*, Wiesbaden 2002.

Bruhn, M./Homburg, C.: *Handbuch Kundenbindungsmanagement*, 5. Auflage, Wiesbaden 2005.

Esch, F.-R.: *Moderne Markenführung*, 4. Auflage, Wiesbaden 2005.

Förster, A./Kreuz, P.: *Offensives Marketing im E-Business – Loyale Kunden gewinnen, CRM-Potenziale nutzen*, Berlin, Heidelberg 2002.

Freter, H.: *Marketing – Die Einführung mit Übungen*, München 2004.

Freter, H.: *Marktsegmentierung*, 2. Auflage, Stuttgart 2004.

Frisch, W.: *Servicemanagement – Marktorientierung in der mittelständischen Unternehmenspolitik*, Wiesbaden 1989.

Geffroy, E. K.: *Das Einzige, was stört, ist der Kunde. Clienting ersetzt Marketing*, 16. Auflage, Frankfurt am Main 2005.

Horovitz, J.: *Service entscheidet: Im Wettbewerb um den Kunden*, 4. Auflage, Frankfurt am Main, New York 1992.

John, A.: *Entwicklung der Kundenperspektive der Balanced Scorecard am Beispiel der Conrad Hinrich Donner Bank AG. Auswahl, Erhebung und Implementierung der relevanten Kennzahlen*, MBA, Fachhochschule Gießen-Friedberg 2004.

Kenzelmann, P.: *Kundenbindung. Kunden begeistern und nachhaltig binden*, Berlin 2003.

Kotler, P.: *Grundlagen des Marketing*, 3. Auflage; München, London, New York 2002.

Kotler, P.: *Philip Kotlers Marketing Guide – Die wichtigsten Konzepte*, Frankfurt am Main, New York 2003.

Kotler, P./Bliemel, F. W.: *Marketing-Management – Analyse, Planung und Verwirklichung*, 10. Auflage, Stuttgart 2005.

Kroeber-Riel, W.: *Konsumentenverhalten*, 8. Auflage, München 2003.

Kroeber-Riel, W./Esch, F. R.: *Strategie und Technik der Werbung*, 6. Auflage, Stuttgart 2004.

Lasslop, I.: *Effektivität und Effizienz von Marketing-Events*, Wiesbaden 2003.

Meffert, H.: *Marketing – Grundlagen marktorientierter Unternehmensführung*, Wiesbaden 2002.

Meffert, H./Burmann, C./Koers, M.: *Markenmanagement*, 2. Auflage, Wiesbaden 2005.

Nennen, D.: »Rechtsschutz von Akquiseleistungen der Werbebranche«, in: *WRP (Wettbewerb in Recht und Praxis)*, 2003, S. 1076–1082.

Nennen, D.: »Vertragspflichten und Störerhaftung der Werbeagenturen«, in: *GRUR (Gewerblicher Rechtsschutz und Urheberrecht)*, Heft 3 2005, S. 214–220.

Nennen, D.: »Medienrecht«, in: *Steuerberater-Rechtshandbuch* (Loseblattwerk, Stand: April 2006), Stollfuss Verlag, Bonn.

Neumann, D.: *Erlebnismarketing – Eventmarketing*, Düsseldorf 2003.

Nieschlag, R./Dichtl, E./Hörschgen, H.: *Marketing*, Berlin 2002.

Pelz, W.: *Grundlagen der Betriebswirtschaftslehre*, München 2001.

Pepels, W.: *Kundendienstpolitik – Die Instrumente des After-Sales-Marketing*, München 1999.

Pfaff, D.: *Praxishandbuch Marketing*, Frankfurt am Main, New York 2004.

Pfaff, D.: *Competitive Intelligence in der Praxis*, Frankfurt am Main, New York 2005.

Pfaff, D.: *Marktforschung*, Berlin 2005.

Pfaff, D./Altensen, A./Glasbrenner, C.: *Kick-Off-CI-Studie 2003 – Stellenwert und Verbreitung von Competitive Intelligence in Deutschland*, Frankfurt am Main, Giessen 2003.

Piller, F. T.: *Kundenindividuelle Massenproduktion – Die Wettbewerbsstrategie der Zukunft*, München, Wien 1998.

Porter, M. E.: *Wettbewerbsstrategie – Methoden zur Analyse von Branchen und Konkurrenten*, 10. Auflage; Frankfurt am Main 1999.

Schneider, W./Hennig, A.: *Kennzahlen Marketing und Vertrieb*, Landsberg am Lech 2001.

Simon, H./Gathen, A.: *Das große Handbuch der Strategieinstrumente – Werkzeuge für eine erfolgreiche Unternehmensführung*, Frankfurt, New York 2002.

Steffenhagen, H.: *Marketing – Eine Einführung*, 5. Auflage, Stuttgart 2004.

Stokburger, G./ Pufahl, M.: *Kosten senken mit CRM – Strategien, Methoden und Kennzahlen*, Wiesbaden 2002.

Vegossen, H.: *Marketing-Kommunikation*, Ludwigshafen 2004.

Welge, M. K./Al-Laham, A.: *Strategisches Management*, 4. Auflage, Wiesbaden 2003.

Register